1 **Respirationstrakt**

2 **Herz**

3 **Ösophagus und Mediastinum**

4 **Nerven und Gefäße im Thorax**

**Anhang**

**Index**

Ulrike Bommas-Ebert

# Anatomie Band 6

## MEDI-LEARN Skriptenreihe

6., komplett überarbeitete Auflage

MEDI-LEARN Verlag GbR

**Autorin:** Ulrike Bommas-Ebert
**Fachlicher Beirat:** PD Dr. Rainer Viktor Haberberger

Teil 6 des Anatomiepaketes, nur im Paket erhältlich
ISBN-13: 978-3-95658-000-0

**Herausgeber:**
MEDI-LEARN Verlag GbR
Dorfstraße 57, 24107 Ottendorf
Tel. 0431 78025-0, Fax 0431 78025-262
E-Mail redaktion@medi-learn.de
www.medi-learn.de

**Verlagsredaktion:**
Dr. Marlies Weier, Dipl.-Oek./Medizin (FH) Désirée Weber, Denise Drdacky, Jens Plasger, Sabine Behnsch, Philipp Dahm, Christine Marx, Florian Pyschny, Christian Weier

**Layout und Satz:**
Fritz Ramcke, Kristina Junghans, Christian Gottschalk

**Grafiken:**
Dr. Günter Körtner, Irina Kart, Alexander Dospil, Christine Marx

**Illustration:**
Daniel Lüdeling

**Druck:**
A.C. Ehlers Medienproduktion GmbH

6. Auflage 2014
© 2014 MEDI-LEARN Verlag GbR, Marburg

Das vorliegende Werk ist in all seinen Teilen urheberrechtlich geschützt. Alle Rechte sind vorbehalten, insbesondere das Recht der Übersetzung, des Vortrags, der Reproduktion, der Vervielfältigung auf fotomechanischen oder anderen Wegen und Speicherung in elektronischen Medien.
Ungeachtet der Sorgfalt, die auf die Erstellung von Texten und Abbildungen verwendet wurde, können weder Verlag noch Autor oder Herausgeber für mögliche Fehler und deren Folgen eine juristische Verantwortung oder irgendeine Haftung übernehmen.

**Wichtiger Hinweis für alle Leser**
Die Medizin ist als Naturwissenschaft ständigen Veränderungen und Neuerungen unterworfen. Sowohl die Forschung als auch klinische Erfahrungen führen dazu, dass der Wissensstand ständig erweitert wird. Dies gilt insbesondere für medikamentöse Therapie und andere Behandlungen. Alle Dosierungen oder Applikationen in diesem Buch unterliegen diesen Veränderungen.
Obwohl das MEDI-LEARN Team größte Sorgfalt in Bezug auf die Angabe von Dosierungen oder Applikationen hat walten lassen, kann es hierfür keine Gewähr übernehmen. Jeder Leser ist angehalten, durch genaue Lektüre der Beipackzettel oder Rücksprache mit einem Spezialisten zu überprüfen, ob die Dosierung oder die Applikationsdauer oder -menge zutrifft. Jede Dosierung oder Applikation erfolgt auf eigene Gefahr des Benutzers. Sollten Fehler auffallen, bitten wir dringend darum, uns darüber in Kenntnis zu setzen.

# Inhalt

| | | | | | |
|---|---|---|---|---|---|
| **1** | **Respirationstrakt** | **1** | 2.5.2 | Myokard | 31 |
| | | | 2.5.3 | Epikard | 31 |
| 1.1 | Trachea | 1 | 2.6 | Herzbeutel | 31 |
| 1.2 | Bronchialbaum | 3 | | | |
| 1.3 | Lunge | 5 | | | |
| 1.3.1 | Gefäßversorgung der Lunge | 7 | **3** | **Ösophagus und Mediastinum** | **40** |
| 1.3.2 | Lymphabflüsse der Lunge | 7 | | | |
| 1.3.3 | Innervation der Lunge | 9 | 3.1 | Ösophagus | 40 |
| 1.3.4 | Histologie der Lunge | 10 | 3.2 | Mediastinum | 42 |
| 1.4 | Pleura | 11 | | | |
| 1.5 | Atemmechanik | 14 | **4** | **Nerven und Gefäße im Thorax** | **45** |
| | | | 4.1 | Verlauf des Nervus phrenicus | 45 |
| **2** | **Herz** | **23** | 4.2 | Verlauf des Nervus vagus | 46 |
| | | | 4.3 | Vena azygos und Vena hemiazygos | 46 |
| 2.1 | Lage im Thorax | 23 | 4.4 | Weitere Gefäße im Thorax und deren Topografie | 47 |
| 2.2 | Makroskopischer Aufbau | 24 | | | |
| 2.2.1 | Blutfluss im Herzen | 25 | 4.5 | Durchtrittsstellen durch das Zwerchfell | 48 |
| 2.2.2 | Veränderungen der Herzklappen | 26 | | | |
| 2.2.3 | Besonderheiten | 27 | | | |
| 2.3 | Erregungsleitungssystem | 27 | | | |
| 2.4 | Herzkranzgefäße | 29 | **Anhang** | | **53** |
| 2.4.1 | Herzarterien | 29 | | | |
| 2.4.2 | Herzvenen | 30 | IMPP-Bilder | | 53 |
| 2.5 | Histologie | 31 | | | |
| 2.5.1 | Endokard | 31 | | | |

# Ihre Arbeitskraft ist Ihr Startkapital. Schützen Sie es!

DocD'or – intelligenter Berufsunfähigkeitsschutz für Medizinstudierende und junge Ärzte:

- Mehrfach ausgezeichneter Berufsunfähigkeitsschutz für Mediziner, empfohlen von den großen Berufsverbänden
- Stark reduzierte Beiträge, exklusiv für Berufseinsteiger und Verbandsmitglieder
- Versicherung der zuletzt ausgeübten bzw. der angestrebten Tätigkeit, kein Verweis in einen anderen Beruf
- Volle Leistung bereits ab 50 % Berufsunfähigkeit
- Inklusive Altersvorsorge mit vielen individuellen Gestaltungsmöglichkeiten

## Lassen Sie sich beraten!

Nähere Informationen und unseren Repräsentanten vor Ort finden Sie im Internet unter www.aerzte-finanz.de

## Deutsche Ärzte Finanz

Standesgemäße Finanz- und Wirtschaftsberatung

# 1 Respirationstrakt

.ıl  Fragen in den letzten 10 Examen: 18

Zum Brustsitus gehören der gesamte Respirationstrakt und das Herz, die beide im schriftlichen Physikum ein häufig gefragtes Thema sind. Hervorzuheben – da besonders gerne gefragt – ist in diesem Zusammenhang der Ösophagus, der sich ja ebenfalls im Bereich des Brustsitus befindet. Zum Thymus hingegen gibt es kaum Fragen. Was du unbedingt für die Prüfung parat haben solltest, sind topografische Kenntnisse im Bereich des Brustsitus: die Aufteilung in die einzelnen Mediastinalräume sowie die Durchtrittstellen durch das Zwerchfell werden einfach erwartet.

Um dir ein strukturiertes Lernen zu ermöglichen, wird in diesem Skript zunächst der gesamte Respirationstrakt vorgestellt, anschließend werden das Herz sowie die weiteren Brustorgane besprochen. Den Abschluss bildet die Topografie des Thorax.

Der Respirationstrakt erstreckt sich vom Kehlkopf über die Trachea und den weiteren Bronchialbaum bis hin zur Lunge mit ihren Alveolen und schließlich zur Pleura. Der ebenfalls im Halsbereich liegende Kehlkopf wird hier nicht besprochen; er ist Thema des Skripts Anatomie 4.

## 1.1 Trachea

Die Trachea beginnt auf Höhe des 6. bis 7. Halswirbels. Dies kannst du an dir selbst nachvollziehen: Die Trachea beginnt unterhalb des Kehlkopfs. Den Kehlkopf kannst du ventral am Hals tasten. Dorsal ist auf derselben Höhe die Vertebra prominens (7. Halswirbel) zu tasten. Auf Höhe C6/C7 beginnt allerdings nicht nur die Trachea. Hier liegen auch der Kehlkopf, ventral der Trachea liegt die Schilddrüse und auch der Ösophagus beginnt bei C6/C7.

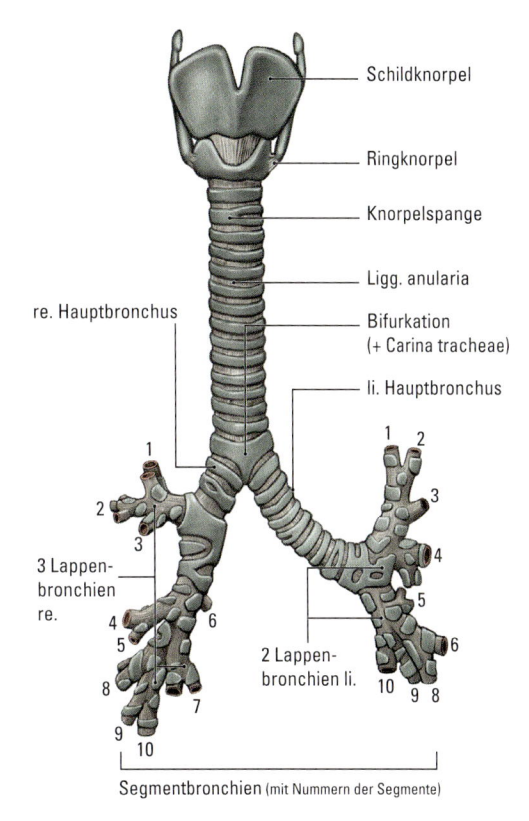

**Abb. 1: Trachea**  medi-learn.de/6-ana6-1

Alle diese Strukturen – die topografisch auf einer Höhe liegen – weisen Gemeinsamkeiten in der Innervation und der Gefäßversorgung auf.

Von C6/C7 erstreckt sich die Trachea über eine Länge von 10 bis 12 cm nach kaudal. Ihr Durchmesser beträgt in diesem Bereich ca. 1,5 cm. Nach dieser Strecke kommt die Trachea auf Höhe von Th4 an und gabelt sich dort in die beiden Hauptbronchien (s. Abb. 1, S. 1). Durch den schrägen Verlauf der Rippen von dorsal-kranial nach ventral-kaudal entspricht die Höhe von Th4 etwa dem Ansatz der 3. Rippe am Sternum: eine

# 1 Respirationstrakt

Angabe, die übrigens häufig im Schriftlichen auftaucht. Die Gabelung der Trachea in die beiden Hauptbronchien erfolgt in einem Winkel von 55 bis 65 Grad, wobei der Aortenbogen, der ja über den linken Hauptbronchus zieht, die Trachea etwas nach rechts verschiebt. Dies führt dazu, dass der rechte Hauptbronchus steiler verläuft: Er verläuft fast senkrecht und setzt damit die Verlaufsrichtung der Trachea am ehesten fort. Der linke Hauptbronchus hingegen verläuft bogenförmig nach links. Sein Lumen ist etwas enger als das des rechten, und da die Trachea etwas nach rechts verschoben ist, ist der linke Hauptbronchus bis zu 5 cm länger.

An der Gabelungsstelle der beiden Hauptbronchien ragt ein sagittaler Sporn in das Lumen hinein. Dabei handelt es sich um die **Carina tracheae**, an der bei der Atmung Turbulenzen entstehen, die als Atemgeräusche hörbar sind.

> **Übrigens ...**
> Den erstaunlich kleinen Durchmesser der Trachea von 1,5 cm kannst du dir vielleicht besser einprägen, wenn du dabei an den Cuff (kleiner aufblasbarer Ballon) zur Blockung eines Beatmungstubus denkst. Der ist ja auch nicht besonders dick (als Anhaltspunkt für die Größenwahl dient der kleine Finger des Patienten) und dichtet dennoch die Trachea vollständig ab.

Die Trachea und der Bronchialbaum weisen einen typischen dreischichtigen Wandaufbau auf: Die innere Schicht wird als **Tunica mucosa respiratoria** bezeichnet. Sie besteht aus dem typischen mehrreihigen respiratorischen **Flimmerepithel**, hat eine deutlich sichtbare Basalmembran und eingebettete seromuköse Drüsen (Glandulae tracheales). Die mittlere Schicht wird als **Tunica fibromusculocartilaginea** bezeichnet. Die Bezeichnung klingt etwas abschreckend, setzt sich jedoch einfach aus den Bestandteilen dieser Schicht zusammen:

- „fibro" bezeichnet die Ligamenta anularia, die von kranial nach kaudal die einzelnen Knorpelspangen miteinander verbinden,
- „musculo" bezeichnet den M. trachealis, der dorsal die beiden Enden der hufeisenförmigen Knorpelspangen verbindet und
- „cartilaginea" bezeichnet die Knorpelspangen aus hyalinem Knorpel, von denen die Trachea etwa 16 bis 20 Stück aufweist (s. Abb. 1, S. 1).

Die äußere Schicht ist die Tunica adventitia, die aus lockerem kollagenem Bindegewebe besteht und dazu dient, die Trachea mit ihrer Umgebung zu verbinden.

Sowohl die Tunica adventitia als auch die Serosa der Bauchorgane haben die Aufgabe, Organe mit ihrer Umgebung zu verbinden. Während die Adventitia jedoch aus lockerem kollagenem Bindegewebe besteht, ist die Serosa üblicherweise aus einem einschichtigen Plattenepithel aufgebaut.

Die **Innervation der Trachea** erfolgt über den Nervus laryngeus recurrens, den 2. Ast des Nervus vagus (Verlauf s. 4.2, S. 46) sowie durch Äste des Sympathikus. Die Gefäßversorgung der Trachea übernehmen Äste der Arteria thyroidea inferior, die aus dem Truncus thyreocervicalis stammt, der wiederum aus der Arteria subclavia entspringt.

In enger **topografischer Beziehung zur Trachea** stehen:
- die Schilddrüse, die kranio-ventral an die Trachea grenzt (Innervation: N. laryngeus recurrens sowie N. laryngeus superior des N. vagus und Äste des Sympathikus, Gefäßversorgung: A. thyroidea inferior aus der A. subclavia sowie A. thyroidea superior aus der A. carotis externa),
- dorsal der Ösophagus (im zervikalen Anteil Innervation durch den N. laryngeus recurrens sowie durch Äste des Sympathikus, Gefäßversorgung über Äste der A. thyroidea inferior),
- kranial der Kehlkopf (Innervation: N. laryngeus superior und recurrens, Äste des Sympathikus, Gefäßversorgung: A. thyroidea superior und inferior),

- von ventral nach dorsal bogenförmig über den linken Hauptbronchus ziehend der Aortenbogen,
- der Truncus brachiocephalicus und
- die rechte sowie die linke Arteria carotis communis.

Die Vena thyroidea inferior grenzt häufig ebenfalls an einen Teil der Trachea. Dorsal verläuft in der Rinne zwischen Trachea und Ösophagus beiderseits der Nervus laryngeus recurrens (s. 4.2, S. 46).

Die rechte und linke Vena brachiocephalica liegen ventral der Arterien und haben somit KEINE direkte topografische Beziehung zur Trachea.

> **Merke!**
> - C4 = Gabelung der A. carotis
> - Th4 = Gabelung der Trachea
> - L4 = Gabelung der Aorta und der V. cava

## 1.2 Bronchialbaum

Die Trachea gabelt sich zunächst in die beiden **Hauptbronchien**, die Bronchi principales dexter et sinister. Rechts erfolgt die weitere Gabelung in drei **Lappenbronchien** (Bronchi lobares), die zu den drei Lungenlappen (Lobus superior, medius et inferior) ziehen, links in zwei Lappenbronchien (zum Lobus superior et inferior). Die einzelnen Lappenbronchien teilen sich dann in **Segmentbronchien** (Bronchi segmentales) auf, die zu den einzelnen Segmenten ziehen (s. Abb. 1, S. 1):

Auf der **rechten** Seite teilt sich der
- Lobus superior in das Segmentum apicale, anterius und posterius,
- Lobus medius in das Segmentum laterale und mediale und der
- Lobus inferior in das Segmentum superius, basale mediale, basale laterale, basale anterius und basale posterius.

Auf der linken Seite unterteilt sich der
- Lobus superior in das Segmentum apicoposterius, anterius, linguale superius und linguale inferius und der
- Lobus inferior unterteilt sich wie auf der rechten Seite auch in ein Segmentum superius, basale mediale, basale laterale, basale anterius und basale posterius.

Zusammenfassend lässt sich sagen, dass
- auf der rechten Seite drei Lappenbronchien (Bronchi lobares) zu drei Lungensegmenten ziehen, die sich rechts in 10 Segmentbronchien (Bronchi segmentales) zu 10 Segmenten unterteilen,
- auf der linken Seite nur 2 Lappenbronchien/Lappen liegen mit 9 Segmentbronchien/Segmenten (s. Abb. 2, S. 5).

Dies ist entwicklungsgeschichtlich u. a. dadurch bedingt, dass das Herz ja zu zwei Dritteln in der linken Thoraxhälfte liegt und somit auf der linken Seite weniger Raum vorhanden ist. Auf der linken Seite fehlen also der mittlere Lungenlappen sowie das 7. Lungensegment. Als rudimentäre Strukturen davon können das Segmentum linguale superius und inferius angesehen werden.

> **Übrigens ...**
> - Gelegentlich kommt ausschließlich im Bereich des Segmentum linguale superius und inferius eine isolierte Lungenentzündung vor, die Lingula-Pneumonie.
> - In der Regel werden die lateinischen Namen für die einzelnen Segmente nicht verwendet. Sie werden einfach von oben nach unten durchnummeriert. Hierbei ist aber zu beachten, dass auf der linken Seite das 7. Segment fehlt. Um dies zu veranschaulichen, wird beim Durchnummerieren die Nummer 7 weggelassen mit der Folge, dass es zwar nur 9 Segmente links gibt, jedoch trotzdem ein Segment mit der Nummer 10 (s. Abb. 1, S. 1).

# 1 Respirationstrakt

> **Merke!**
>
> Auf der Seite mit den **zwei** Lungenlappen liegt auch die **Bi**kuspidal- oder Mitralklappe (links), bei den **drei** Lungenlappen (rechts) liegt die **Tri**kuspidalklappe des Herzens.

Bis zu den Segmentbronchien liegt in der Tunica mucosa das typische mehrreihige respiratorische Epithel mit Kinozilien und Becherzellen sowie seromukösen Drüsen vor. In der Tunica fibromusculocartilaginea liegen die Knorpelspangen, die glatte Muskulatur und die Ligg. anularia. In den Lappen- und Segmentbronchien ändert sich im Bereich der Tunica mucosa nichts, die Tunica fibromusculocartilaginea weist aber statt Knorpelspangen nur noch Knorpelplättchen auf und ihre Muskulatur ist überwiegend konzentrisch angeordnet. Die weitere Unterteilung des Bronchialbaums erfolgt von den Segmentbronchien aus in die jeweiligen Bronchus lobularis (**Läppchenbronchien**). Hier ist das respiratorische Epithel nur noch einschichtig und es liegen weniger Becherzellen vor. Die Muskulatur der Tunica fibromusculocartilaginea ist überwiegend gitterartig angeordnet, es finden sich nur noch wenige Knorpelplättchen und Drüsen lassen sich kaum noch nachweisen.

Nach den Läppchenbronchien folgen die Bronchioli terminales (**Terminalbronchien**), deren Durchmesser kleiner als 1 mm ist. Ihr Name entsteht dadurch, dass hier der Totraum der Lunge endet. Es finden sich keinerlei Becherzellen mehr, kein Knorpel und auch keine Drüsen. Was bleibt ist jedoch das einschichtige Flimmerepithel mit den Kinozilien. Die glatte Muskulatur ist konzentrisch angeordnet.
An die Terminalbronchien schließen sich die Bronchioli respiratorii (**respiratorischen Bronchien**) an. Ihren Namen haben sie erhalten, da in ihrer Wand die Öffnungen zu den Alveolen der Lunge liegen. Die Bronchioli sind ausgekleidet von einem einschichtigen kubischen Epithel. Hier gibt es keinerlei Kinozilien, Becherzellen, Knorpel und Drüsen. Die Muskulatur ist gitterartig angeordnet.

Zusammenfassend lässt sich zur histologischen Unterscheidung des Bronchialbaums sagen, dass
- bis zu den Terminalbronchien Kinozilien vorhanden sind und
- die sezernierenden Strukturen (Becherzellen und Drüsen) schon vor den Bronchioli terminales enden.

Dies ist physiologisch sinnvoll, da durch die bis zum Ende des Totraums reichenden Kinozilien eingedrungene Fremdkörper sowie Alveolarmakrophagen rachenwärts abtransportiert werden können. Man bezeichnet dies als **mukoziliäre Clearance**.

Dass die sezernierenden Zellen bereits vor den Terminalbronchien enden, verhindert, dass das Sekret in die Bronchioli respiratorii gelangt und die Alveolen verlegt.
**Clara-Zellen** sind für den terminalen Respirationstrakt typische Zellen, die lysosomale Enzyme freisetzen. Des Weiteren sezernieren sie die Surfactant-Proteine SP-A und SP-D.
An den Bronchioli respiratorii geht das Gewebe des Bronchialbaums in das Alveolargewebe der Lunge über.

> **Klinisches Beispiel:**
>
> Ein Patient gibt an, dass er einen Erdnusskern „eingeatmet" habe, als er am Tisch saß.
>
> Frage: Aus Gründen der anatomischen Geometrie des Bronchialbaums könnte dieser Fremdkörper am ehesten in welche der genannten Strukturen gelangt sein? In den linken Unterlappenbronchus, den linken Oberlappenbronchus, den rechten Oberlappenbronchus, den rechten Mittellappenbronchus oder den rechten Unterlappenbronchus?
> Antwort: In den rechten Unterlappenbronchus.

## 1.3 Lunge

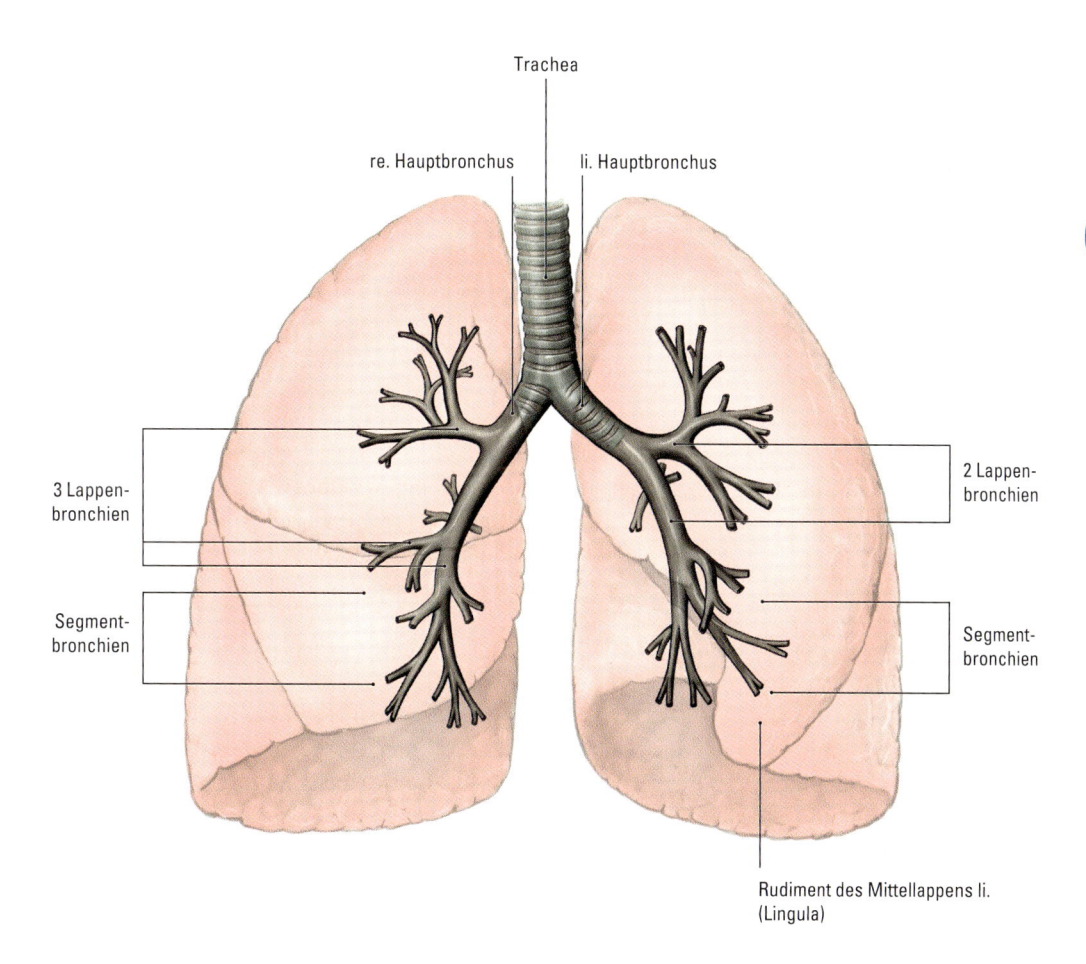

Trachea
re. Hauptbronchus
li. Hauptbronchus
3 Lappen-bronchien
2 Lappen-bronchien
Segment-bronchien
Segment-bronchien
Rudiment des Mittellappens li. (Lingula)

**Abb. 2: Unterteilung des Bronchialbaums**   *medi-learn.de/6-ana6-2*

### 1.3 Lunge

Die Lunge gliedert sich in einen rechten und einen linken Lungenflügel, die jeweils in einer Cavitas pleuralis (Pleurahöhle) liegen. Die Pleura, die die Lunge direkt umgibt, bezeichnet man als Pleura pulmonalis oder Pleura visceralis; die daran angrenzende Pleura, die dem Thorax fest anliegt, als Pleura parietalis.

Die Form der Lunge wird vor allem von den sie umgebenden Organen geprägt. Das bedeutet, dass die Lunge im Wesentlichen die vorhandenen Hohlräume ausfüllt. Die Außenflächen der Lunge unterteilt man nach den angrenzenden Strukturen in eine

- Facies diaphragmatica (grenzt an das Zwerchfell; unter dem Zwerchfell grenzen links Magen und Milz, rechts die Leber an die Lunge),
- Facies costalis (den Rippen zugewandte Seite) und
- Facies medialis oder mediastinalis (grenzt an das Mediastinum und die Wirbelsäule).

Die Lunge ragt ca. zwei fingerbreit über die Clavicula und häufig auch über die erste Rippe hinaus. Sie endet spätestens auf Höhe von C7. Durch die enge topografische Beziehung zur Clavicula grenzen auch die Arteria und die Vena subclavia an die Lunge.

Die kraniale Lungenkuppel wird von den drei Musculi scaleni umgeben. Am Mediastinum zugewandten Teil der Lunge grenzen u. a. die Vena azygos, die

# 1 Respirationstrakt

Vena cava superior (s. IMPP-Bild 1, S. 53), die Aorta thoracica mit dem Aortenbogen, der Truncus pulmonalis, der Ösophagus, der rechte sowie der linke Vorhof des Herzens sowie die linke Herzkammer. Kaudal grenzt das Zwerchfell an die Lunge.

Die Lunge kann man rechts in drei, links in zwei Lappen unterteilen (s. 1.2, S. 3). Der obere und der mittlere Lappen werden rechts von der Fissura horizontalis unterteilt, der Mittel- und der Unterlappen durch die Fissura obliqua; auf der linken Seite trennt ebenfalls eine Fissura obliqua den Ober- vom Unterlappen. Damit ist die Fissura obliqua also obligatorisch in beiden Lungenflügeln vorhanden.

**Übrigens ...**
Neuerdings wird auch nach der Projektion der Fissura obliqua in Atemmittellage gefragt: Sie endet in Atemmittelstellung etwa am Margo inferior in Höhe der Knorpel-Knochen-Grenze der 6. Rippe.

Als Lungenhilum wird die Region bezeichnet, an der die einzelnen Strukturen in die Lunge ein- und austreten. Das Hilum pulmonis liegt an der Facies medialis der Lunge, etwa auf der Höhe von Th5 (Ansatz der 4. Rippe am Sternum).

Eintretende Strukturen am Lungenhilum sind
– dorsal die Hauptbronchien,
– ventral-kranial
  • die Arteria pulmonalis,
  • die arteriellen Rami bronchiales sowie
  • sympathische und parasympathische Nerven.

Austretende Strukturen am Lungenhilum sind
– ventral-kaudal
  • die Venae pulmonales,
  • venöse Rami bronchiales und
  • Lymphgefäße.

Ausschließlich am Hilum treten Strukturen in die Lunge ein und aus. Am Hilum befindet sich außerdem der Umschlagpunkt von der visceralen in die parietale Pleura (s. Abb. 5, S. 12). Ansonsten ist die Lunge komplett von Pleura umgeben und gleitet bei In- und Exspiration im Bereich des Pleuraspalts. Etwaige durchtretende Strukturen würden die Ausdehnung und das Zusammenschrumpfen der Lunge behindern.

Es kommt also NUR am Hilum zu Ein- und Austritt von Gefäßen und Nerven. Hierbei ist noch zu beachten, dass die **Arterien mit den Bronchien ziehen**, die Venen jedoch NICHT. Dies gilt sowohl für die Vasa privata als auch für die Vasa publica (s. Kapitel 1.3.1, S. 7) und hat physiologische Gründe. Die Vasa privata dienen der Eigenversorgung des Bronchialbaums und der Lunge mit arteriellem Blut. Die Bronchien und die Alveolen enthalten zwar Luft, die jedoch viel zu schnell durch den Bronchialbaum strömt, als dass hier genügend Sauerstoff aufgenommen werden könnte. Außerdem ist die Wand der Bronchien zu dick, um ausschließlich über Diffusion ernährt zu werden. Daher ist eine eigene arterielle Gefäßversorgung vonnöten, die durch die Rami bronchiales (aus der Aorta thoracica und den Interkostalarterien) gewährleistet wird.

Die Arterien der Vasa publica kommen vom Herzen (A. pulmonalis). Ihre Aufgabe ist es, am Ende des Bronchialbaums ihr venöses Blut mit Sauerstoff sättigen zu lassen.

Sowohl die Arterien der Vasa privata als auch die Arterien der Vasa publica bilden also mit den Bronchien eine **funktionelle Einheit**. Deswegen verlaufen sie auch gemeinsam **intrasegmental** (im Inneren der einzelnen Lappen und Segmente).

Bei den Venen steht das zügige Verlassen der Lunge im Vordergrund. Die Venen der Vasa publica enthalten nämlich sauerstoffreiches Blut, das möglichst schnell wieder dem Körper zur Verfügung gestellt werden soll. Daher ziehen sie rasch zwischen den einzelnen Lappen und Segmenten aus der Lunge hinaus. Auch die Venae bronchiales der Vasa privata, die venöses Blut enthalten, verlassen auf kürzestem Wege die Lunge, um das venöse Blut dem Körperkreislauf wieder zuzuführen und mit Sauerstoff anreichern zu lassen. Die Venen verlaufen im Gegensatz zu den Arterien intersegmental (zwischen den einzelnen Lappen und Segmenten). Aus hämodynamischen Gründen (das Blut fließt mit der Schwerkraft nach unten, die Venen enthalten wenig Klappen) verlaufen die Venen jeweils am Boden der einzelnen Lappen und Segmente.

### 1.3.1 Gefäßversorgung der Lunge

In der Lunge werden zwei verschiedene Gefäßsysteme unterschieden: Zum einen die **Vasa publica**, die für den Gasaustausch des gesamten Körpers zuständig sind und daher auch als Arbeitsgefäße bezeichnet werden, zum anderen die **Vasa privata**, deren Aufgabe die private Gefäßversorgung der Bronchien ist und die daher auch als Versorgungsgefäße bezeichnet werden.

Zu den Vasa publica zählt man die Arteriae und die Venae pulmonales. Die Arteria pulmonalis führt der Lunge sauerstoffarmes Blut zu. Sie bzw. ihre Äste verlaufen mit den Bronchien. Ihre großen Äste sind vom elastischen Typ, ihre kleinen Äste vom muskulären Typ. Damit sind die kleinen Arterienäste der Arteria pulmonalis in der Lage, die Durchblutung zu regeln und die Perfusion der Ventilation anzupassen (Euler-Liljestrand-Mechanismus, s. Skript Physiologie 4). Die Venae pulmonales transportieren dann das sauerstoffreiche Blut wieder zurück zum Herzen. Sie verlaufen zwischen den einzelnen Segmenten.

Die Vasa privata sind nach den Strukturen benannt, die sie versorgen: Es wird zwischen arteriellen und venösen Rami bronchiales unterschieden. Die arteriellen Rami bronchiales stammen überwiegend aus der Aorta thoracica und auch aus den Interkostalarterien, die topografisch in der Nähe des Lungenhilums liegen. Die venösen Rami bronchiales münden rechts in die Vena azygos, links in die Vena hemiazygos; diese liegen topografisch am nächsten.

### 1.3.2 Lymphabflüsse der Lunge

Aus dem Lungengewebe wird die Lymphflüssigkeit zunächst in die Nodi lymphoidei pulmonales geleitet, die an den Segmentbronchien liegen. Von dort aus fließt die Lymphe dann weiter bis zur nächsten Sammelstelle, den Nodi lymphoidei bronchiopulmonales, die sich am Lungenhilum befinden. Anschließend geht es zu den Nodi lymphoidei tracheobronchiales an der Bifurcatio tracheae und schließlich zu den Nodi lymphoidei tracheales lateral der Trachea. Von dort erfolgt der Lymphabfluss dann links in den Ductus thoracicus, rechts in den Ductus lymphaticus dexter, die dann in den linken bzw. rechten Venenwinkel münden.

Wie bei allen Organen und im gesamten Körper erfolgt der Lymphabfluss von der Oberfläche in die Tiefe, bis die Lymphe schließlich in den Venenwinkel mündet.

**Allgemeines zum Lymphabfluss**

Eigentlich musst du die Eigennamen zum Lymphabfluss nicht auswendig lernen. Hast du das generelle Prinzip des Lymphabflusses nämlich verstanden, kannst du dir die meisten Antworten herleiten. Der erste wichtige Punkt, den es dabei zu berücksichtigen gilt, ist, dass die Lymphe immer in den rechten bzw. linken Venenwinkel mündet. Der Venenwinkel liegt auf beiden Seiten dort, wo die Vena subclavia und die Vena jugularis interna zusammentreffen und sich zur Vena brachiocephalica vereinen. Unterhalb des Venenwinkels fließt die Lymphe von unten nach oben, oberhalb des Venenwinkels fließt sie von oben nach unten. Im gesamten Körper gilt, dass der Lymphabfluss von oberflächlich nach tief erfolgt. Die Lymphe fließt also grundsätzlich vom Einzugsgebiet in regionäre Lymphknoten, hierbei von oberflächlich nach tief und mündet dann in die weiteren Lymphbahnen, bis sie schließlich in den Venenwinkel mündet. Ein großer Zusammenfluss von Lymphgefäßen ist die **Cisterna**

# 1 Respirationstrakt

**chyli**, die unterhalb des Zwerchfells etwa auf Höhe des Truncus coeliacus liegt. Hier münden drei große Zuflüsse:
Die Lymphbahnen
- des rechten Beines,
- des linken Beines und
- der Bauchorgane.

Von der Cisterna chyli zieht durch das Zwerchfell (durch den Hiatus aorticus) der Ductus thoracicus (Ductus albicans) nach kranial und mündet schließlich in den linken Venenwinkel. In den linken Venenwinkel münden außerdem Lymphgefäße von der linken Kopfhälfte und vom linken Arm.

Auf der rechten Thoraxseite gibt es einen lymphführenden Gang – den Ductus lymphaticus dexter – der erst im Thorax beginnt und NICHT aus der Cisterna chyli entspringt. Der Ductus lymphaticus dexter mündet in den rechten Venenwinkel. Dort mündet auch die Lymphe

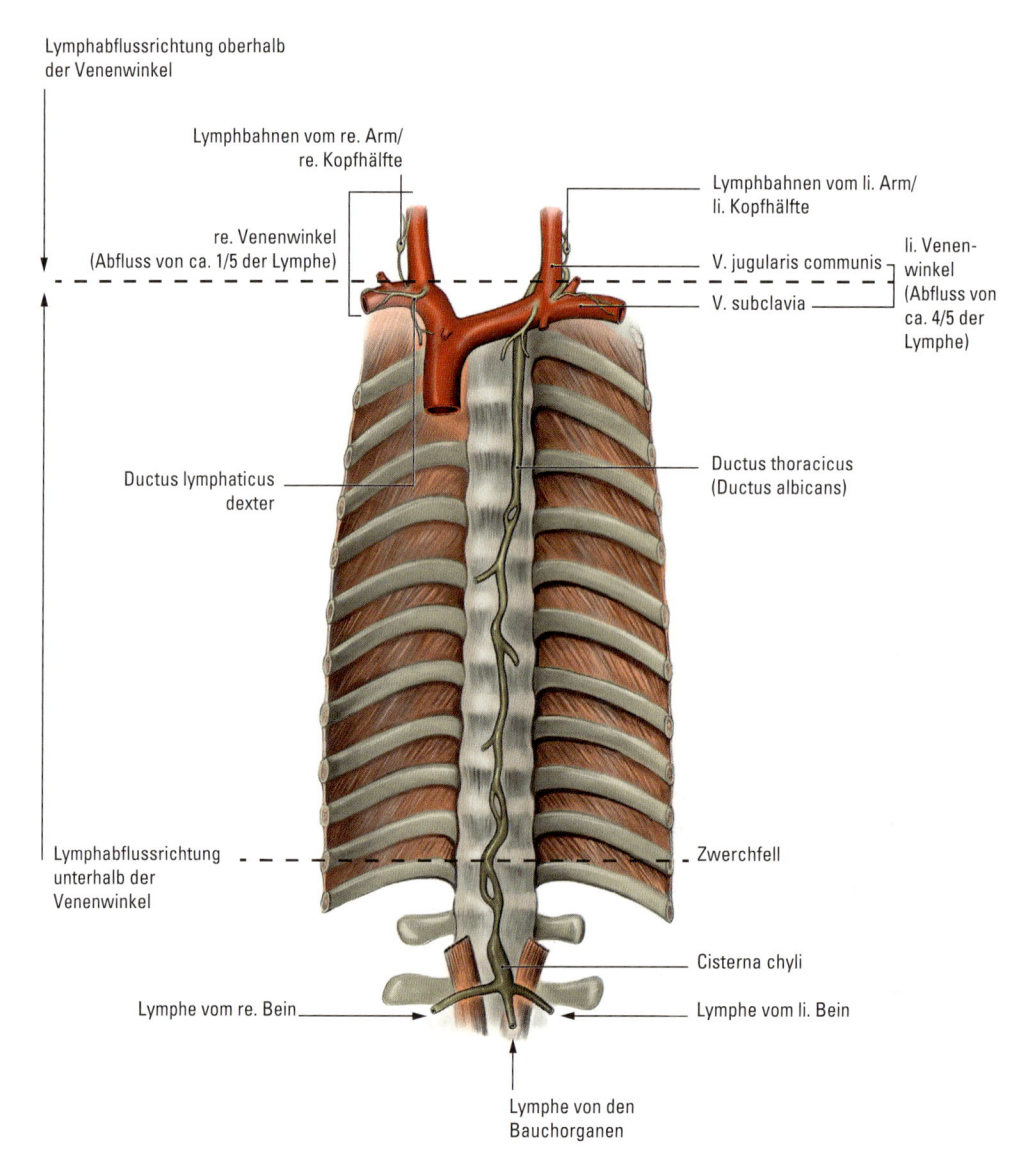

**Abb. 3: Lymphabfluss im Körper**

*medi-learn.de/6-ana6-3*

der rechten Kopfhälfte und des rechten Arms. Als Fazit kann man sagen, dass ca. 1/5 der Lymphe im rechten Venenwinkel dem venösen System zugeführt wird, im linken Venenwinkel sind es ca. 4/5 der Lymphe.

Unterhalb des Venenwinkels liegt also ganz distal das Einzugsgebiet und etwas weiter proximal kommen die regionären Lymphknoten. Die Lymphe wird dann weiter nach kranial zum Venenwinkel geleitet.
Oberhalb des Venenwinkels ist dies umgekehrt: Das Einzugsgebiet liegt kranial, darauf folgen etwas kaudaler die regionalen Lymphknoten, bis die Lymphe schließlich kaudal in den Venenwinkel mündet (s. Abb. 3, S. 8).

> **Merke!**
> Da es im Körper sehr viele Lymphknoten gibt, sind die einzelnen Einzugsgebiete relativ klein. Man kann als Merkhilfe sagen, dass das Einzugsgebiet kaudal des Venenwinkels etwa eine Hand breit ist, kranial des Venenwinkels etwa zwei Finger breit.

**Beispiele:**
Das Einzugsgebiet der regionären Lymphknoten in der Kniekehle liegt etwa eine Handbreit unterhalb, was in etwa der Wade entspricht. Bereits in der Kniekehle erfolgt ein Lymphabfluss von oberflächlich nach tief. Dasselbe lässt sich auch auf die Leistenlymphknoten anwenden. Hier liegt das Einzugsgebiet ebenfalls eine Handbreit kaudal. Zum Einzugsgebiet gehören da hier der ventrale Oberschenkel und das äußere Genitale.
Oberhalb des Venenwinkels liegen deutlich mehr Lymphknoten und das Einzugsgebiet ist hier nur zwei Finger breit. Daher münden in die Nodi lymphoidei parotidei superficiales nur die Lymphe der Schläfe sowie eines Teils der Ohrmuschel und in die submentalen Lymphknoten im Wesentlichen die Lymphe der Unterlippe, des vorderen Anteils des Unterkiefers sowie der Zungenspitze.

Zur Verdeutlichung soll auch Abb. 3, S. 8 dienen.

> **Übrigens ...**
> Hast du das generelle Prinzip des Lymphabflusses verstanden, so lassen sich in der Regel die Antworten auf Examensfragen herleiten.

**Ductus thoracicus**

Der Ductus thoracicus beginnt an/mit der Cisterna chyli und zieht durch den Hiatus aorticus. Anschließend verläuft er streckenweise an der Wirbelsäule entlang. Er nimmt im Regelfall die Lymphe des linken Lungenflügels auf (die des rechten Lungenflügels gelangt in den Ductus lymphaticus dexter) und mündet in den linken Venenwinkel.
Folgende Körperregionen entsenden z. B. ihre Lymphe in den Ductus thoracicus:
– die linke Hals-/Kopfregion,
– die linke Brustregion,
– die unteren Extremitäten (beiderseits) und
– die Bauchregion.
Die rechte Hals-/Kopfregion, der rechte Arm und die rechte Thoraxseite geben ihre Lymphe in den Ductus lymphaticus dexter ab.

### 1.3.3 Innervation der Lunge

Wie alle inneren Organe wird auch die Lunge sympathisch und parasympathisch innerviert. Die hierfür zuständigen Fasern bezeichnet man als **Plexus pulmonalis anterior** und **posterior**. Entsprechend liegen die Fasern also vor und hinter dem Lungenhilum.

Der Plexus pulmonalis besteht aus
– Fasern des Nervus vagus = parasympathische Efferenzen, bronchokonstriktorisch

# 1 Respirationstrakt

und zuständig für den Hering-Breuer-Reflex (mehr dazu s. Skript Physiologie 3), begleitet von schmerzleitenden Fasern.
- Fasern des Grenzstrangs = sympathisch, bronchodilatatorisch und vasokonstriktorisch.

Dass der Sympathikus bronchodilatatorisch wirkt, mag im ersten Moment etwas verwirren. Dies hat jedoch seine Ursache darin, dass der Sympathikus als Stressnervensystem überwiegend dafür entwickelt wurde, um in einer Stresssituation wegzulaufen (für den entwicklungsgeschichtlich neuen Stress in der Examensvorbereitung ist der Sympathikus dagegen nicht ausgelegt). Um also möglichst schnell weglaufen zu können, muss dem Körper ausreichend Sauerstoff angeboten werden, was durch eine Bronchodilatation geschieht. Das Blut soll dabei optimal sauerstoffgesättigt werden und zügig den Sauerstoff zur Muskulatur bringen.

### 1.3.4 Histologie der Lunge

Die Histologie des Bronchialbaums wurde in 1.2, S. 3 bereits besprochen. Was noch fehlt und daher hier aufgeführt wird, ist die Histologie der Alveolen (s. Abb. 4, S. 11). Die Alveolen bestehen aus einem Alveolarepithel, wobei man zwischen **Alveolarepithelzellen Typ I** und **Typ II** (auch **Pneumozyten 1** und **2** genannt) unterscheidet.
- Die Alveolarepithelzellen Typ I übernehmen die erste wichtige Funktion der Lunge, nämlich den Gasaustausch. Um dies möglichst effektiv leisten zu können, sind die Alveolarepithelzellen Typ I sehr lang gestreckt und dadurch sehr flach, sodass der Sauerstoff nur eine kurze Diffusionsstrecke zu überwinen hat. Dies führt dazu, dass die Alveolarepithelzellen Typ I – obwohl sie nur ca. 8 % der Zellen im Bereich der Alveole ausmachen – ca. 80 % der Oberfläche der Alveole bedecken. Sie sind durch Tight Junctions miteinander verbunden.
- Die Alveolarepithelzellen Typ II haben als Aufgabe die Produktion und Sekretion von Surfactant. Sie sind eher kugelig geformt und nehmen daher – obwohl sie ca. 15 % der Zellen der Alveole stellen – nur 20 % der Oberfläche ein. Außerdem entstehen aus den Alveolarepithelzellen Typ II die Alveolarepithelzellen Typ I.

Das Alveolarepithel ist vollständig von **Surfactant** bedeckt, der das Kollabieren der einzelnen Alveolen verhindert. In der Surfactant-Flüssigkeit schwimmen einzelne **Alveolarmakrophagen**, die Staub und andere eingedrungene Fremdkörper phagozytieren. Phagozytieren sie Erythrozyten, die z. B. aufgrund einer ausgeprägten Herzinsuffizienz in die Alveole gelangt sind, nennt man sie auch **Herzfehlerzellen**.

Die Alveolarmakrophagen werden von den Kinozilien rachenwärts transportiert und dort entweder ausgehustet oder verschluckt. Unterhalb des Alveolarepithels liegt eine besondere Basalmembran. Besonders deshalb, da es sich um eine Verschmelzung zweier Basalmembranen handelt: der des Alveolarepithels und der des Kapillarendothels. Auf diese Basalmembran folgt das Kapillarendothel.

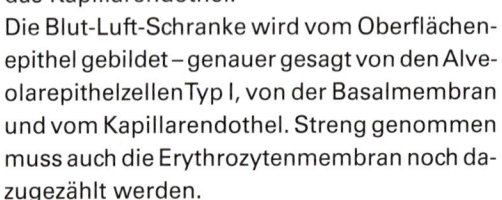

Die Blut-Luft-Schranke wird vom Oberflächenepithel gebildet – genauer gesagt von den Alveolarepithelzellen Typ I, von der Basalmembran und vom Kapillarendothel. Streng genommen muss auch die Erythrozytenmembran noch dazugezählt werden.

Alveolarepithelzellen Typ II werden von Sauerstoff nicht passiert und zählen daher auch NICHT zur Blut-Luft-Schranke; genauso wenig wie die Alveolarmakrophagen. Diese Zellen bilden keine eigenständige Schicht und sind am Gasaustausch nicht beteiligt (s. Abb. 4, S. 11).

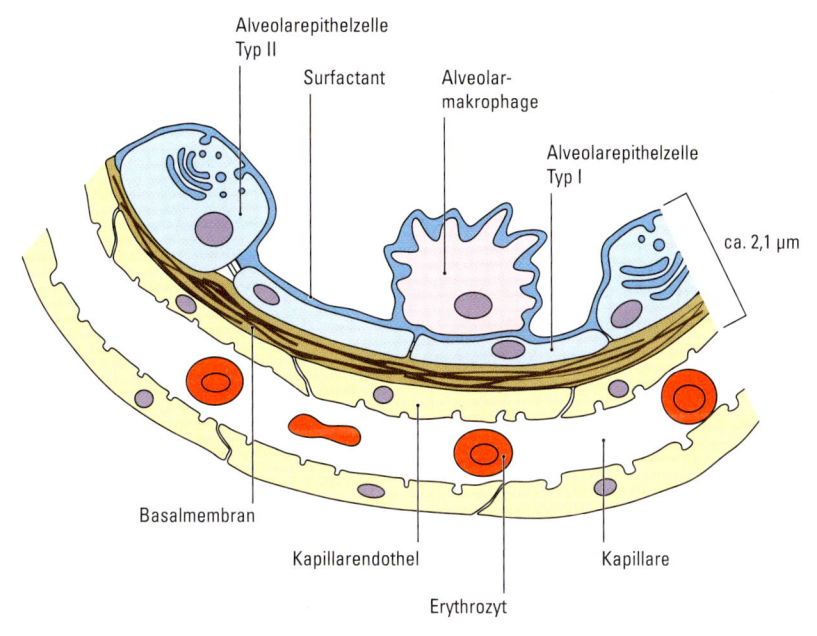

**Abb. 4:** Histologie der Alveolen und Blut-Luft-Schranke   *medi-learn.de/6-ana6-4*

## 1.4 Pleura

Die Pleura ist ein einschichtiges Plattenepithel, das die Lunge und die äußere Wand der Pleurahöhle auskleidet. Sie wird in zwei Schichten unterteilt (s. Abb. 5 und Abb. 6, S. 12):
- Die Pleura visceralis (Pleura pulmonalis oder Lungenfell), die der Lunge anliegt und
- die Pleura parietalis (Rippenfell), die die Pleurahöhle auskleidet.

Die viszerale Pleura überzieht die gesamte Lunge und schlägt sich am Lungenhilum unter Bildung einer Umschlagsfalte in die parietale Pleura um. Diese verläuft dann – wieder die Lunge umgebend – entlang der Thoraxwand. Die parietale Pleura wird gelegentlich noch weiter unterteilt, je nachdem welchen Bereich sie überzieht:
- Die Pleura diaphragmatica bedeckt das Zwerchfell von kranial (außer im Bereich des Mediastinums).
- Die Pleura mediastinalis überzieht das Mediastinum (außer im Bereich des Lungenhilums). Der Teil der mediastinalen Pleura, der dem Herzen anliegt, wird als Pleura pericardiaca bezeichnet.
- Die Pleura costalis überzieht die Rippen, das Sternum und die Wirbelkörper.

Ein Pleuraduplikatur ist das sogenannte Ligamentum pulmonale. Es zieht vom Lungenhilum in Richtung Zwerchfell. Die parietale Pleura ist sensibel sehr gut innerviert und daher ausgesprochen schmerzempfindlich. Sie wird von den Nerven innerviert, die topografisch in ihrer Nähe liegen. Dies sind im Bereich der Pleura costalis die Interkostalnerven, im Bereich der Pleura mediastinalis und der Pleura diaphragmatica der Nervus phrenicus.

Da die Lunge sich bei Exspiration zusammenzieht, wandert hierbei das Zwerchfell nach kranial. Bei Inspiration wandert es dagegen nach kaudal. Dies führt dazu, dass insbesondere bei der Exspiration Teile der parietalen Pleura aneinander zu liegen kommen. Diese Umschlagsfalten, die als Komplementärräume der Atembewegungen dienen, bezeichnet man als Recessus pleurales. Von diesen Recessus gibt es drei verschiedene (s. Abb. 5, S. 12):
- Den Recessus costodiaphragmaticus,
- den Recessus costomediastinalis und
- den Recessus phrenicomediastinalis.

# 1 Respirationstrakt

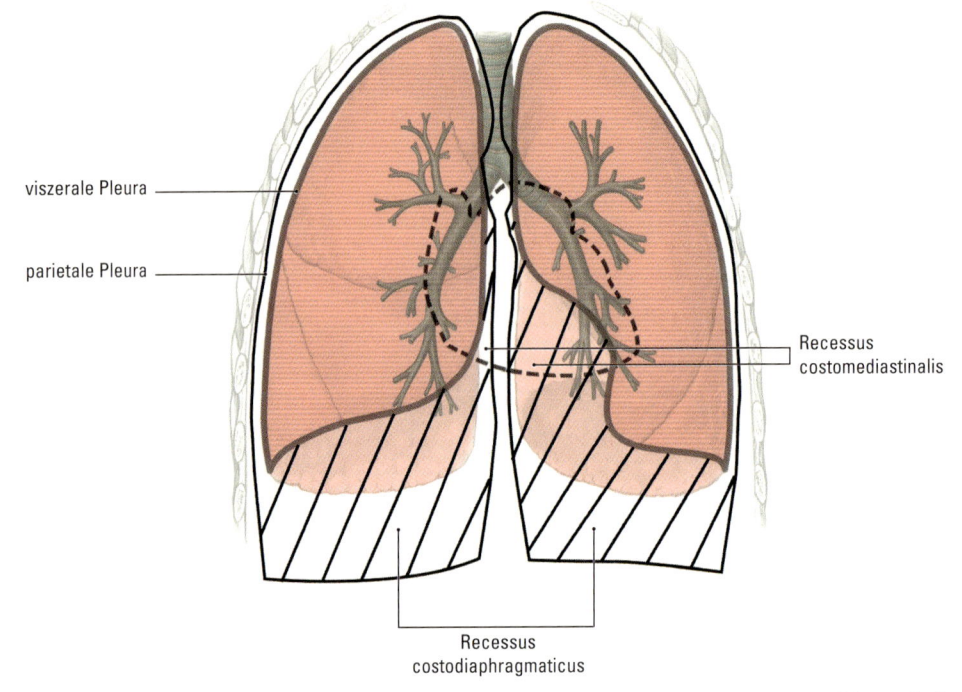

**Abb. 5: Recessus und an die Lunge angrenzende Strukturen**   *medi-learn.de/6-ana6-5*

Der größte Recessus ist der Recessus costodiaphragmaticus, der auch bei Röntgenaufnahmen des Thorax mit beurteilt wird.

> **Übrigens ...**
> Einen Pleuraerguss, der sich infolge der Schwerkraft kaudal sammelt, erkennt man an den abgeflachten seitlichen Lungenspitzen (s. Abb. 6, S. 12).

Der Recessus costodiaphragmaticus ist der einzige Recessus, der bei einem Pleuraerguss gelegentlich punktiert wird. Die Punktion findet in der Regel in der hinteren Axillarlinie am Oberrand einer Rippe statt. Dies hat mehrere Gründe: Der Oberrand der Rippe wird ausgewählt, da am Thorax Vene, Arterie und Nerv (VAN von kranial nach kaudal) am Unterrand der Rippe liegen; somit wird durch dieses Vorgehen das Verletzungsrisiko minimiert. Insbesondere dorsalseitig liegen diese Strukturen

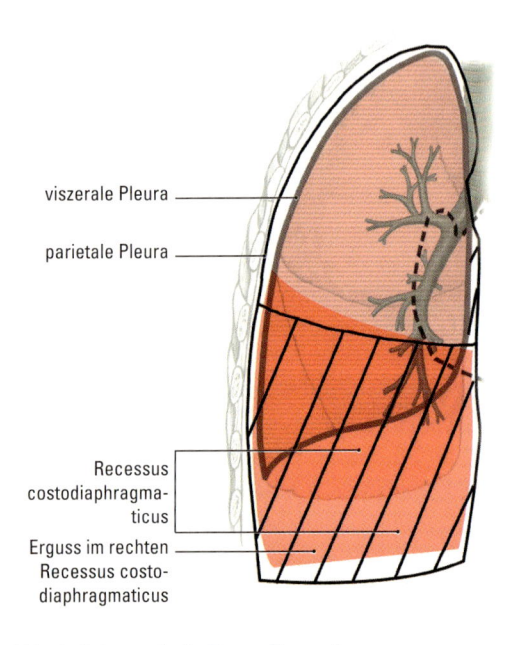

**Abb. 6: Schematische Darstellung eines Pleuraergusses**   *medi-learn.de/6-ana6-6*

## 1.4 Pleura

direkt unter der Rippe, doch je weiter die Gefäße und Nerven nach ventral ziehen, desto eher ragen sie in den Interkostalraum hinein. Bezüglich der Lage der Nerven und Gefäße wäre also die Scapular-Linie die beste Punktionsstelle. Der Recessus costodiagphragmaticus hat seine größte Ausdehnung jedoch in der mittleren Axillarlinie. Als Kompromisslösung zwischen den beiden anatomischen Gegebenheiten erfolgt die Punktion deshalb in der hinteren Axillarlinie.

Im Pleuraspalt befindet sich auch regulär etwas Flüssigkeit, dies sind pro Seite etwa 5 ml **Transsudat**. Der Begriff Transsudat bedeutet, dass es sich hierbei um eine Flüssigkeit handelt, die in einen Raum abgegeben und von dort auch wieder resorbiert wird. Der Körper ist also durchaus in der Lage, aus dem Pleuraspalt Flüssigkeiten, Luft und Teilchen zu resorbieren, nur reicht dies bei größeren Verletzungen oder einem Pleuraerguss nicht aus, sodass ggf. eine Drainage gelegt werden muss.

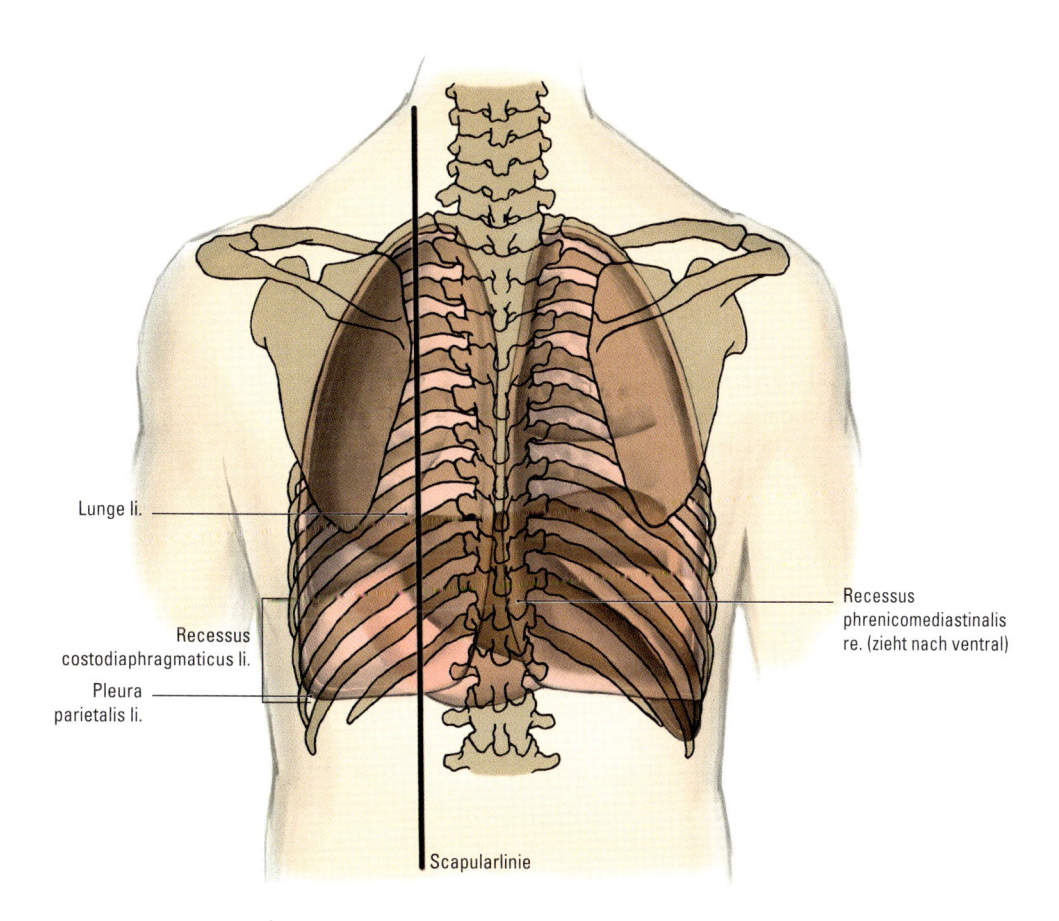

**Abb. 7: Recessus von dorsal**

*medi-learn.de/6-ana6-7*

## 1 Respirationstrakt

> **Merke!**
>
> Der Unterdruck im Pleuraspalt wird auch als Donder-Druck bezeichnet und liegt zwischen −4 bis −7 cm $H_2O$.
> Die Pleurakuppel ragt bis zu zwei cm über den Oberrand der Clavicula hinaus.
> In enger topografischer Beziehung zur Pleurakuppel verlaufen
> - Arteria und Vena subclavia (liegen der Pleurakuppel am nächsten),
> - Arteria und Vena thoracica interna,
> - Plexus brachialis,
> - Ansa subclavia,
> - Nervus phrenicus,
> - Arteria vertebralis,
> - links der Ductus thoracicus und
> - rechts der Ductus lymphaticus dexter sowie das Ganglion stellatum.

Histologisch besteht die Pleura aus einem einschichtigen Plattenepithel mit Kollagen und elastischen Fasern. Darunter liegt eine Subpleura mit Blut- und Lymphgefäßen.
Wie bereits erwähnt, ist lediglich die parietale Pleura innerviert. Die viszerale Pleura dagegen ist NICHT sensibel innerviert. Die sensiblen Nerven enden bereits im Lungengewebe und reichen daher nicht bis in die Pleura hinein.

Die Lungen- und Pleuragrenzen sowie die einzelnen Linien zeigt Abb. 7, S. 13.

### 1.5 Atemmechanik

Die Atemmechanik ändert sich bei Inspiration und Exspiration je nach erforderlicher Intensität. Die normale Inspiration erfolgt einfach durch Kontraktion des Zwerchfells, wodurch es zur Erweiterung des Recessus costodiaphragmaticus kommt. Im Wesentlichen ist die normale Inspiration also eine Bauchatmung. Bei etwas tieferer Inspiration kontrahieren sich zusätzlich die Musculi intercostales externi. Hier kommt also die Brustatmung bereits dazu.

Bei sehr tiefer Inspiration wird schließlich noch die Atemhilfsmuskulatur mit genutzt.
Zur inspiratorischen Atemhilfsmuskulatur zählen im Wesentlichen alle Muskeln, die am Thorax ansetzen und in der Lage sind, den Thorax auseinander zu ziehen. Dies sind im Einzelnen
- der Musculus sternocleidomastoideus,
- die Musculi scaleni,
- die Musculi serrati posteriores superiores,
- die Musculi serrati posteriores inferiores,
- die Musculi pectorales major et minor sowie
- der Musculus erector spinae.

Die Exspiration erfolgt in Ruhe ausschließlich durch Erschlaffung der inspiratorischen Muskeln und durch die Tendenz der elastischen Fasern der Lunge, sich zusammenzuziehen. Bei vertiefter Exspiration wird die Atemhilfsmuskulatur mit benutzt.
Zur exspiratorischen Atemhilfsmuskulatur gehören zum einen die Thoraxmuskeln:
- die Musculi intercostales interni et intimi sowie
- der Musculus transversus thoracis.

Des Weiteren helfen aber auch Bauchmuskeln bei der Exspiration:
- der Musculus transversus abdominis,
- die Musculi obliqui externus et internus abdominis,
- der Musculus rectus abdominis und
- der Musculus iliocostalis lumborum.

> **Übrigens ...**
>
> Im Liegen hilft auch das Gewicht der Bauchorgane bei der Exspiration mit. Dass die Bauchmuskeln an der forcierten Exspiration beteiligt sind, merkst du zum einen nach ausgiebigem Lachen, wenn die Muskeln schmerzen, zum anderen bei einer akuten Bronchitis. Nachdem du die halbe Nacht gehustet und somit forciert ausgeatmet hast, hast du am nächsten Morgen Muskelkater im Bereich der Bauchmuskeln.

# DAS BRINGT PUNKTE

Hier gibt es zunächst ein paar ganz besonders gerne und häufig im Physikum gefragte Aussagen zum Thema **Trachea**:
- Die Bifurkation der Trachea liegt auf Höhe von Th4. Dies entspricht dem Sternalansatz der 3. Rippe.
- Der rechte Hauptbronchus verläuft steiler, fast senkrecht, und setzt somit die Verlaufsrichtung der Trachea am ehesten fort.
- Fremdkörper gelangen am ehesten in den rechten Hauptbronchus.

Nicht ganz so oft gefragt, aber trotzdem durchaus noch lernenswert, ist, dass
- die Trachea aus 16–20 Knorpelspangen besteht,
- die Trachea vom N. laryngeus recurrens innerviert und von der A. thyroidea inferior mit Blut versorgt wird und
- der Aortenbogen über den linken Hauptbronchus zieht und somit zu einer Verlagerung der Trachea nach rechts führt.

Die Namen der einzelnen Lungensegmente wurden bislang nur einmal im schriftlichen Physikum gefragt und müssen sicherlich nicht auswendig gelernt werden. Spitzenreiter unter den Fragen zum **Bronchialbaum** – und damit unbedingt wissenswert – sind aber folgende Sachverhalte:
- Bis zu den Terminalbronchien sind Kinozilien vorhanden.
- Die sezernierenden Strukturen (Becherzellen und Drüsen) enden schon vor den Bronchioli terminales.
- Clara-Zellen sind für den Respirationstrakt typische Zellen, die lysosomale Enzyme freisetzen sowie die surfactant-Proteine SP-A und SP-D sezernieren.
- Die rechte Lunge hat drei Lappen und zehn Segmente.
- Die linke Lunge hat zwei Lappen und neun Segmente.

Am häufigsten wurden zum Thema **Lunge** die folgenden Punkte im schriftlichen Physikum gefragt:
- Arterien verlaufen in der Lunge intrasegmental, die Venen intersegmental.
- Der Ober- und der Mittellappen werden rechts von der Fissura horizontalis, der Mittel- und der Unterlappen durch die Fissura obliqua voneinander getrennt.
- Auf der linken Seite trennt die Fissura obliqua den Ober- vom Unterlappen.
- Am linken Lungenhilum liegen Arterie, Bronchus und Vene von kranial nach kaudal übereinander.
- Am rechten Hilum liegen der Bronchus und die Arterie ungefähr auf einer Höhe, die Venen kaudal davon.

Zum Thema **Gefäßversorgung der Lunge** sind die folgenden Punkte bereits so oft gefragt worden, dass es sich wirklich lohnt, sie für das Schriftliche parat zu haben: Folgende Möglichkeiten des Blutflusses in der Lunge sind wahrscheinlich:
- von Bronchialarterien in Bronchialkapillaren,
- von Bronchialarterien in Alveolarkapillaren,
- von Bronchialkapillaren in Pulmonalvenen und
- von Bronchialkapillaren in Bronchialvenen.

Unwahrscheinlich ist dagegen der Abfluss von Alveolarkapillaren in Bronchialvenen.

Hier sind noch einmal – da du damit im Schriftlichen viele Punkte holen kannst – die wichtigsten Aussagen zur **Histologie der Trachea, der Hauptbronchien und der Alveolen** zusammengefasst:
Folgende Zelltypen kommen im Epithel der Trachea und der großen Bronchien vor:
- Becherzellen,

## DAS BRINGT PUNKTE

- kinozilientragende Zellen,
- Basalzellen und
- endokrine Zellen.

Ein typisches Merkmal der Schleimhaut des Respirationstrakts ist das Vorkommen von Kinozilien. Sie kommen vor im
- Bronchus segmentalis,
- Bronchus lobaris,
- Bronchiolus lobularis und
- Bronchiolus terminalis.

Im Ductus alveolaris FEHLEN dagegen die Kinozilien.

Außerdem solltest du noch wissen, dass Bronchioli bzw. Bronchioli terminales
- in ihrer Wand keine seromukösen Drüsen enthalten,
- in ihrer Wand glatte Muskulatur enthalten,
- in ihrem Epithel zilientragende Zellen und Clara-Zellen enthalten sowie
- in ihrer Wand sympathische Nervenfasern aufweisen.

Zum Thema **Alveolen** wurde schon häufig gefragt, dass
- Alveolarmakrophagen NICHT zur Blut-Luft-Schranke gehören,
- Alveolarepithelzellen Typ II Surfactant und Typ I-Zellen bilden sowie
- Alveolarepithelzellen Typ I am Gasaustausch beteiligt sind.

Kenntnisse der **Recessus** sowie der **Lungen- und Pleuragrenzen** sind für die mündliche und die schriftliche Prüfung (und für die Klinik) sehr wichtig, daher solltest du dir Abb. 7, S. 13 gut einprägen.

Daneben solltest du, um gut punkten zu können, noch wissen, dass
- der rechten Pleurakuppel am nächsten die V. subclavia liegt,
- sich ein Pleuraerguss insbesondere im Recessus costodiaphragmaticus sammelt,
- der Recessus costodiaphragmaticus in der Röntgenaufnahme des Thorax besonders wichtig und geeignet für die Beurteilung eines Ergusses ist,
- der Recessus costodiaphragmaticus in der mittleren Axillarlinie seine größte Ausdehnung hat und
- man einen Pleuraerguss in der hinteren Axillarlinie am Oberrand einer Rippe punktiert.

Zur **Atemmechanik** solltest du dir merken, dass
- verschiedene Mechanismen die Exspiration im Stehen unterstützen können. Zu diesen gehören charakteristischerweise die Senkung der Rippen, die Rückstellkräfte der Lunge, die Kontraktion der Mm. obliqui abdominis externi und die Kontraktion der Mm. obliqui abdominis interni.
- unterstützend für die Exspiration im Liegen auch das Gewicht der Baucheingeweide wirkt.

## FÜRS MÜNDLICHE

Den makroskopischen und mikroskopischen Aufbau der Trachea sowie deren Topografie solltest du im Mündlichen wiedergeben können. Das gilt natürlich auch für alle anderen Organe. Werden offene Fragen zu den Organen gestellt, wie z. B. „Erzählen Sie mir bitte etwas über die Trachea ...", solltest du Wert auf eine strukturierte Antwort legen. Dadurch wirkst du souveräner, vergisst weniger und es entstehen weniger Pausen im Redefluss, weil du den Weg der Antwort bereits vor dir siehst. Natürlich kann sich jeder

# FÜRS MÜNDLICHE

selbst eine Strukturierung für offene Fragen zu den Organen erstellen; eine beispielhafte Antwort könnte folgendermaßen gegliedert sein:

1. Ein kurzer Satz zur Funktion des Organs, z. B. „Die Trachea stellt die Verbindung zwischen Larynx und Hauptbronchien dar und dient der Luftleitung",
2. Lage und Topografie des Organs,
3. makroskopischer Aufbau des Organs,
4. Innervation und Gefäßversorgung des Organs,
5. Histologie des Organs, wobei hier auch Querverweise zur Physiologie, z. B. bei der Niere, oder eine genauere Erläuterung der Funktion „an den Prüfer gebracht" werden können und
6. wenn der Prüfer dann noch etwas hören möchte, kannst du mit der Embryologie glänzen (s. Skript Anatomie 1).

Welche Lunge wie viele Lappen hat und was durch das Lungenhilum zieht, solltest du im Mündlichen erzählen können. Daneben lohnt es sich sicherlich auch, die angrenzenden Strukturen zu beherrschen.
Von der Gefäßversorgung der Lunge werden besonders die Vasa privata und die Vasa publica gerne im Mündlichen gefragt.
Da Kenntnisse des Lympabflusses auch für die Klinik wichtig sind, z. B. für die lymphogene Metastasierung von Tumoren, ist dieses Thema auch im Mündlichen beliebt. Einen guten Eindruck wirst du sicherlich hinterlassen, wenn du die Inhalte von Abb. 3, S. 8 wiedergeben und/oder aufzeichnen kannst. Der Aufbau einer Alveole ist fürs Mündliche besonders wichtig. Daher solltest du dir Abb. 4, S. 11 gut einprägen.

1. Erläutern Sie bitte, welche Organe in enger topografischer Beziehung zur Trachea stehen.

2. Beschreiben Sie bitte kurz den Aufbau der Trachea.

3. Beschreiben Sie bitte kurz die histologischen Besonderheiten der Trachea.

4. Bitte erklären Sie, was der Totraum ist.

5. Nennen Sie die Anzahl der Lappen und Segmente der Lungen.

6. Erklären Sie bitte, wo ein aspirierter Fremdkörper oder ein zu tief vorgeschobener Tubus normalerweise landet.

7. Beschreiben Sie bitte, den makroskopischen Aufbau der Lunge.

8. Erklären Sie bitte, was das Lungenhilum ist.

9. Bitte erläutern Sie, was die Vasa privata und Vasa publica sind.

10. Bitte beschreiben Sie kurz die unterschiedlichen Aufgaben der Vasa privata im Vergleich zu den Vasa publica.

11. Bitte erläutern Sie, worin sich die Vasa privata von den Vasa publica unterscheiden.

12. Erklären Sie, wohin ein Tumor im Bereich der Genitalorgane vermutlich lymphogen metastasieren wird.

13. Ein Arzt findet bei einer 64-jährigen Frau einen kleinen bräunlichen Hauttumor im Bereich der linken Skapularlinie in Höhe des 7. Thorakalwirbels. Er vermutet, dass der Tumor bösartig ist und die regionären Lymphknoten befallen haben könnte. In welcher Körperregion würde er, unter Berücksichtigung der normalen Lymphabflusswege, bevorzugt nach vergrößerten Lymphknoten tasten?

## FÜRS MÜNDLICHE

14. Welche Alveolarepithelzellen nehmen den größten Teil der Alveolaroberfläche ein?

15. Welche Alveolarepithelzellen sind – bezogen auf ihre Anzahl – häufiger vorhanden?

16. Nennen Sie bitte die Bestandteile der Blut-Luft-Schranke.

17. Erklären Sie bitte, was ein Recessus ist.

18. Erläutern Sie bitte, welcher Recessus der größte und klinisch relevanteste ist.

19. Bitte erklären Sie, wie die Pleura innerviert ist.

20. Ein 28-jähriger Mann erleidet eine Stichverletzung in der rechten mittleren Axillarlinie zwischen der 8. und 9. Rippe bis in die Leber, als er gerade ausgeatmet hat. Erklären Sie bitte, welche Strukturen verletzt werden und welche wahrscheinlich nicht.

21. Ein 85-jähriger Patient weist links einen geringen Pleuraerguss auf und wird im Stehen geröntgt. Erklären Sie bitte, in welchem Recessus sich die Ergussflüssigkeit überwiegend sammelt.

22. Erklären Sie bitte, wie die Exspiration in Ruhe erfolgt.

23. Bitte nennen Sie den Unterschied zwischen den verschiedenen exspiratorisch wirkenden Muskeln.

---

**1. Erläutern Sie bitte, welche Organe in enger topografischer Beziehung zur Trachea stehen.**
Die Trachea beginnt auf Höhe von C6/C7. In etwa auf dieser Höhe liegen auch der Kehlkopf, die Schilddrüse und der Beginn des Ösophagus. Die V. cava und die Vv. brachiocephalicae stehen – ebenso wie der Aortenbogen – in enger topografischer Beziehung zur Trachea, wobei die Vv. brachiocephalicae aber keinen direkten Kontakt haben. Kaudal der Trachea liegt das Herz, dorsal der Ösophagus.

**2. Beschreiben Sie bitte kurz den Aufbau der Trachea.**
Sie beginnt unterhalb des Kehlkopfs und besteht aus 16–20 nach ventral gerichteten hufeisenförmigen Knorpelspangen, die bindegewebig durch die Ligg. anularia miteinander verbunden sind. Dorsal liegt die Pars membranacea zwischen den offenen Enden der Knorpelspangen. Die hier vorkommende Muskulatur wird auch als M. trachealis bezeichnet. Auf Höhe von Th4 gabelt sich die Trachea in die beiden Hauptbronchien.

**3. Beschreiben Sie bitte kurz die histologischen Besonderheiten der Trachea.**
Von außen nach innen:
 – Tunica adventitia, die das Organ mit der Umgebung verbindet.
 – Tunica fibromusculocartilaginea mit Knorpelspangen aus hyalinem Knorpel, Bindegewebe der Ligg. anularia und Muskulatur des M. trachealis.
 – respiratorisches (mehrreihiges) Flimmerepithel mit Kinozilienbesatz und Becherzellen.

**4. Bitte erklären Sie, was der Totraum ist.**
Zum Totraum zählt man die Teile des Respirationstrakts, die nicht am Gasaustausch beteiligt sind. Die letzte Station des Totraums sind die Terminalbronchien.

## FÜRS MÜNDLICHE

**5. Nennen Sie die Anzahl der Lappen und Segmente der Lungen.**
- Rechts drei Lappen und zehn Segmente,
- Links zwei Lappen und neun Segmente.

**6. Erklären Sie bitte, wo ein aspirierter Fremdkörper oder ein zu tief vorgeschobener Tubus normalerweise landet.**
Je nach Tiefe im rechten Hauptbronchus oder im rechten Unterlappenbronchus. Dies ist insbesondere durch den anatomisch unterschiedlichen Verlauf der Hauptbronchien zu erklären.

**7. Beschreiben Sie bitte den makroskopischen Aufbau der Lunge.**
Folgende Stichworte sollten im Vortrag vorkommen:
- Rechter und linker Lungenflügel,
- Facies costalis, mediastinalis und diaphragmatica,
- links 2, rechts 3 Lappen,
- links 9, rechts 10 Segmente,
- Fissura horizontalis und obliqua.

**8. Erklären Sie bitte, was das Lungenhilum ist.**
Die Ein- und Austrittsstelle aller in die Lunge ein- und austretenden Strukturen. Es liegt auf Höhe von Th5. Hier schlägt die viszerale in die parietale Pleura um.

**9. Bitte erläutern Sie, was die Vasa privata und Vasa publica sind.**
- Vasa privata (Rr. bronchiales) dienen der Eigenversorgung der Lunge und der Bronchien = Versorgungsgefäße,
- Vasa publica (A./V. pulmonales) sind für die Sauerstoffversorgung des Körpers zuständig = Arbeitsgefäße.

**10. Bitte beschreiben Sie kurz die unterschiedlichen Aufgaben der Vasa privata im Vergleich zu den Vasa publica.**
- Die Vasa privata dienen der Eigenversorgung der Lunge. Durch die Bronchien fließt zwar Sauerstoff, ihre Wand ist jedoch zu dick, sodass eine eigene Gefäßversorgung erforderlich ist.
- Die Vasa publica dienen dazu, das Blut für den Körper mit Sauerstoff sättigen zu lassen.

**11. Bitte erläutern Sie, worin sich die Vasa privata von den Vasa publica unterscheiden.**
Bei den Vasa privata (A./V. bronchiales) führen die Arterien arterielles und die Venen venöses Blut, bei den Vasa publica (A./V. pulmonales) ist dies umgekehrt. Zudem haben Vasa privata und publica auch einen unterschiedlichen Ursprung: Die Vasa publica kommen aus dem Herz, die Vasa privata aus der Aorta.

**12. Erklären Sie, wohin ein Tumor im Bereich der Genitalorgane vermutlich lymphogen metastasieren wird.**
Sowohl in die paraaortalen als auch in die iliacalen Lymphknoten, da aufgrund der topografischen Lage hierhin der Lymphabfluss erfolgt.

**13. Ein Arzt findet bei einer 64-jährigen Frau einen kleinen bräunlichen Hauttumor im Bereich der linken Skapularlinie in Höhe des 7. Thorakalwirbels. Er vermutet, dass der Tumor bösartig ist und die regionären Lymphknoten befallen haben könnte. In welcher Körperregion würde er, unter Berücksichtigung der normalen Lymphabflusswege, bevorzugt nach vergrößerten Lymphknoten tasten?**
In der Regio axillaris sinistra.

**14. Welche Alveolarepithelzellen nehmen den größten Teil der Alveolaroberfläche ein?**
Alveolarepithelzellen Typ I.

## FÜRS MÜNDLICHE

**15. Welche Alveolarepithelzellen sind – bezogen auf ihre Anzahl – häufiger vorhanden?**
Alveolarepithelzellen Typ II.

**16. Nennen Sie bitte die Bestandteile der Blut-Luft-Schranke.**
- Surfactant,
- Alveolarepithelzellen Typ I,
- Basalmembran von Alveolen und Kapillaren,
- Kapillarendothel und
- Erythrozytenmembran.

**17. Erklären Sie bitte, was ein Recessus ist.**
Ein Recessus ist eine Duplikatur (Umschlagsfalte) der parietalen Pleura. Er dient als Komplementärraum bei Atembewegungen. Es gibt drei Recessus:
- Recessus costodiaphragmaticus,
- Recessus costomediastinalis und
- Recessus phrenicomediastinalis.

**18. Erläutern Sie bitte, welcher Recessus der größte und klinisch relevanteste ist.**
Der Recessus costodiaphragmaticus. Er wird bei Vorliegen eines Pleuraergusses punktiert in der hinteren Axillarlinie. Seine größte Ausdehnung hat er in der mittleren Axillarlinie.

**19. Bitte erklären Sie, wie die Pleura innerviert ist.**
- Die viszerale Pleura ist NICHT sensibel innerviert.
- Die parietale Pleura wird von den Interkostalnerven und vom N. phrenicus innerviert.

**20. Ein 28-jähriger Mann erleidet eine Stichverletzung in der rechten mittleren Axillarlinie zwischen der 8. und 9. Rippe bis in die Leber, als er gerade ausgeatmet hat. Erklären Sie bitte welche Strukturen verletzt werden und welche wahrscheinlich nicht.**
Zu erwarten ist eine Verletzung von
- Pleura parietalis,
- Diaphragma,
- Peritoneum parietale und
- Peritoneum viscerale.

Die Pleura visceralis wird vermutlich nicht verletzt, da die Stichverletzung genau in Höhe des Recessus costodiaphragmaticus liegt und der Patient gerade ausgeatmet hat. In Inspirationsstellung wären die viszerale Pleura und Lunge vermutlich mit verletzt worden.

**21. Ein 85-jähriger Patient weist links einen geringen Pleuraerguss auf und wird im Stehen geröntgt. Erklären Sie bitte, in welchem Recessus sich die Ergussflüssigkeit überwiegend sammelt.**
Aufgrund der Schwerkraft wird sich die Ergussflüssigkeit überwiegend im Recessus costodiaphragmaticus ansammeln.

**22. Erklären Sie bitte, wie die Exspiration in Ruhe erfolgt.**
In Ruhe ist die Exspiration ein rein passiver Vorgang, der ohne Muskelaktivität zustande kommt.

**23. Bitte nennen Sie den Unterschied zwischen den verschiedenen exspiratorisch wirkenden Muskeln.**
Bei forcierter Exspiration werden zum einen Muskeln im Bereich des Thorax genutzt, die direkt auf den Thorax wirken, zum anderen auch Bauchmuskeln, die durch Erhöhung des intraabdominellen Drucks indirekt den intrathorakalen Druck erhöhen und somit die Exspiration unterstützen.

Mehr Cartoons unter www.medi-learn.de/cartoons

# Pause

Soviel zum Thema „Atmung"!
Päuschen und weiter geht's ...

# FRÜHZEITIG ANMELDEN

WWW.MEDI-LEARN.DE/SKR-ERGEBNISSE

PHYSIKUMSERGEBNISSE SCHON AM PRÜFUNGSTAG

# EXAMENS-ERGEBNISSE

**MEDI-LEARN®**

# 2 Herz

Fragen in den letzten 10 Examen: 25

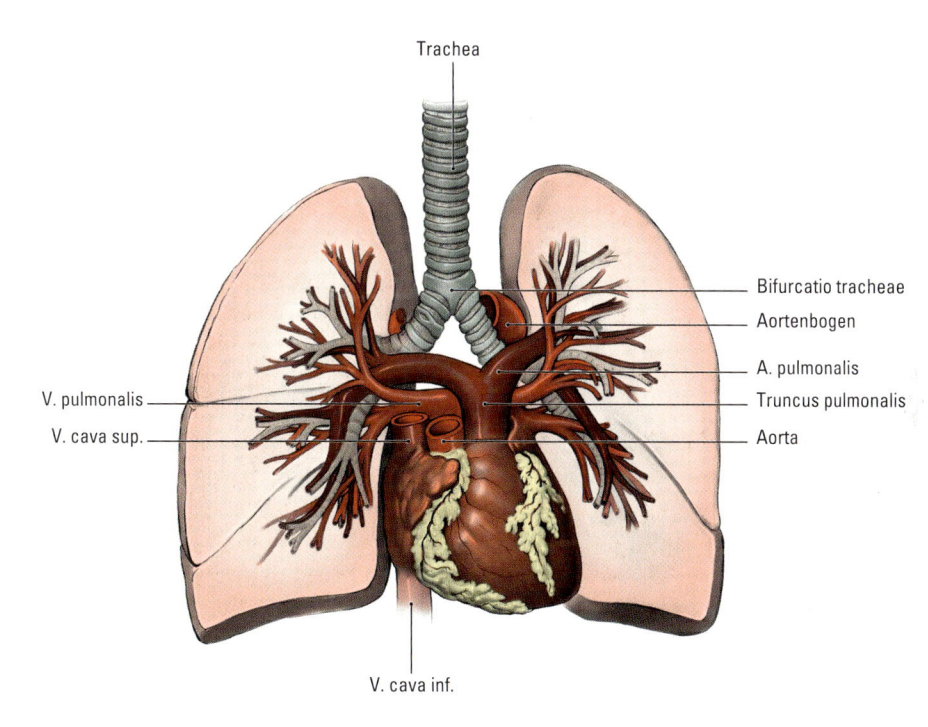

**Abb. 8: Lage des Herzens im Thorax**  *medi-learn.de/6-ana6-8*

Das Herz ist nicht nur beim Menschen, sondern auch in der schriftlichen und mündlichen Prüfung ein ganz zentrales und unverzichtbares Organ. Insbesondere die Topografie des Herzens, aber auch sein makroskopischer und mikroskopischer Aufbau werden gerne gefragt.

## 2.1 Lage im Thorax

Das Herz liegt zu zwei Dritteln in der linken Thoraxseite. Die **Herzachse** zieht dabei von „rechts hinten oben" nach „links vorne unten". Nach den topografischen Beziehungen der Herzvorhöfe und Herzkammern wird sowohl in schriftlichen als auch in mündlichen Prüfungen häufig gefragt. Um sich das Ganze zu veranschaulichen, kannst du die Hände zur Hilfe nehmen. Hierbei stellst du dir vor, dass die Handrücken die Vorhöfe sind und die Finger die Kammern. Da die Herzachse von rechts hinten oben nach links vorne unten verläuft, kannst du dir die Lage des Herzens jederzeit (auch im Examen) vergegenwärtigen, wenn du die flach aneinander gelegten Hände so vor den Thorax hältst, dass die Handrücken nach rechts hinten oben und die Fingerspitzen nach links vorne unten zeigen. Zu beachten ist hierbei noch, dass die linke Hand weiter dorsal liegt als die rechte. Am einfachsten näherst du dich schrittweise der korrekten Lage an, d. h. du faltest die Hände vor dem Bauch, senkst dann die Fingerspitzen um ca. 30 Grad nach unten ab, dann um 30 Grad nach links und kippst schließlich das Ganze noch um 30 Grad, sodass du mit dem linken Ellenbogen auf der linken Hüfte landest und der rechte Ellenbogen nach oben zeigt (jetzt nur bitte die Richtung der Herzachse nicht vergessen). Bevor du jetzt ganz verknotet dastehst, kannst du ja mal einen Blick auf Abb. 8, S. 23 werfen. Bei korrekter Positionierung der Hände liegt nun der linke Handrücken am weitesten dorsal (der linke Vorhof). Der linke Vorhof grenzt an den Ösophagus und ist nur durch den Herzbeutel von diesem getrennt. Etwas weiter dorsal liegt die Aorta thoracica. Am weitesten rechts liegt der rechte Handrücken (der rechte Vorhof), d. h. der rechte Vorhof grenzt an den Mittel- und Unterlappen der rechten Lunge. Am weitesten unten liegen die Finger der linken Hand (die linke Kammer), diese hat daher enge topografische Beziehung zum Zwerchfell. Da die linke Hand mit den Fingerspitzen nach links zeigt, siehst du hier, dass auch eine topografische Beziehung zum Unterlappen der linken Lunge besteht (Achtung: NICHT dagegen zum Mittellappen, da dieser links nicht vorliegt). Am weitesten nach ventral zeigen die Fingerspitzen der rechten Hand (der rechte Ventrikel). Der rechte Ventrikel grenzt also an das Sternum.

Im **Röntgenbild des Thorax** zeigt sich die Lage des Herzens folgendermaßen:
Bei einer Röntgenübersichtsaufnahme des Thorax im anterior-posterioren Strahlengang wird der „linke Herzrand" gebildet durch
- Arcus aortae,
- Truncus pulmonalis,
- Vv. pulmonales sinister,
- Atrium sinistrum und
- Ventriculus sinister.

Die Aorta ascendens liegt ventral des Herzens und ist daher NICHT zu sehen!
Der „rechte Herzrand" wird gebildet von
- V. cava sup. et inf. (die V. cava allerdings nur sehr wenig)
- rechtem Atrium
- A. pulmonalis dexter und
- Vv. pulmonales dexter.

Der rechte Ventrikel wird zu einem großen Teil vom Sternum überdeckt und lässt sich gegenüber dem Zwerchfell nur schwer abgrenzen. Er ist in der seitlichen Thoraxaufnahme viel besser zu beurteilen (ebenso das linke Atrium).

## 2.2 Makroskopischer Aufbau

Das Herz unterteilt man in einen rechten und linken Vorhof (Atrium dextrum et Atrium sinistrum) sowie in eine rechte und linke Kammer (Ventriculum dexter et sinister, s. IMPP-Bild 2, S. 53). Als trennende Strukturen liegen im Herzen die Herzklappen vor. Alle Herzklappen befinden sich im Bereich des Herzskeletts.

> **Übrigens …**
> Das Herzskelett heißt so, weil hier beim Rind tatsächlich ein Knochen vorliegt.

Das Herzskelett ist eine bindegewebige Struktur, die den Vorhof von der Kammer trennt und somit ein Übergreifen der Erregung von den Vorhöfen auf die Kammern verhindert. Die Weiterleitung der Erregung ist also NUR im Bereich des AV-Knotens möglich. Da optisch gesehen alle Herzklappen auf einer Ebene liegen, bezeichnet man diese auch als Ventilebene. Die **Ventilebene** ist jedoch im Gegensatz zum Herzskelett nur eine gedachte theoretische Ebene und kann deshalb, ebenfalls im Gegensatz zum Herzskelett, die Erregungsausbreitung vom Vorhof zur Kammer NICHT verhindern. Auch dann nicht, wenn das die Antwortmöglichkeiten des schriftlichen Examens mal wieder behaupten sollten.
Die Ventilebene projiziert sich auf eine Linie vom Sternalansatz der 6. Rippe rechts zum Sternalansatz der 3. Rippe links. Die Klappen, die die Vorhöfe von den Kammern trennen, bezeichnet man als Segelklappen. Segelklappen zeichnen sich dadurch aus, dass ihr freier Rand durch Sehnenfäden – die Chordae tendineae – mit den Musculi papillares der Kammer verbunden ist (s. Abb. 9, S. 26).

Zu den Segelklappen zählt man die
- Trikuspidalklappe und
- die Mitral- oder Bikuspidalklappe.

Die Chordae tendineae und die Musculi papillares haben NICHT die Aufgabe der aktiven Klappenöffnung. Die Klappe öffnet sich vielmehr durch Kontraktion des Vorhofs und den dadurch resultierenden Druckaufbau. Kontrahiert sich nachfolgend die Kammer, so muss jedoch verhindert werden, dass die Klappe wieder zurück in den Vorhof schlägt. Das ist die Aufgabe der Chordae tendineae und der Papillarmuskeln: Sie halten bei Kammerkontraktion die Klappe zu.

An den Ausflussbahnen der Kammern – also am Beginn des Truncus pulmonalis und der Aorta – liegen die Taschenklappen. Hierzu zählt man
- die Pulmonalklappe und
- die Aortenklappe.

Taschenklappen besitzen KEINE Sehnenfäden und Muskeln, jedoch existiert auch hier eine Vorrichtung, die ein Zurückschlagen der Klappen in die Kammer verhindert. Da jedoch bei den auf die Taschenklappen folgenden Gefäßen keine Kontraktion stattfindet, reicht hier eine wesentlich einfachere Einrichtung aus: Eine Tasche der Klappe weist jeweils ein kleines Knötchen – einen Nodulus – auf. Dieser setzt sich bei Klappenschluss oben auf die Klappe, hakt sich dadurch quasi ein und verhindert so das Zurückschlagen der Taschenklappe in die Kammer.

Direkt oberhalb des Abgangs der Aortenklappe liegt der Sinus aortae. Hier entspringen die beiden Koronararterien Arteria coronaria dextra et sinistra aus der Aorta. Bei der Systole öffnet sich die Aortenklappe und lagert sich vor den Sinus aortae. Die Füllung der Herzkranzgefäße wird dadurch verhindert, und das Blut strömt an den Herzkranzgefäßen vorbei in die Aorta. In der Diastole schließt sich die Aortenklappe, das Blut staut sich zurück und füllt nun die Herzkranzgefäße. Segel- und Taschenklappen haben gemeinsam, dass sie aus Endokard-Duplikaturen bestehen. Hier liegt also sozusagen Endokard auf Endokard und dazwischen noch eine kleine Schicht aus Bindegewebe. Da die Herzklappen ständig von Blut umspült sind, ist eine eigene Gefäßversorgung der Klappen nicht notwendig. Daher sind die Herzklappen beim gesunden Herzen immer kapillarfrei.

### Übrigens …
Insbesondere bei einer akuten Entzündung des Herzinnenraums – einer Endokarditis – können Gefäße in das Gewebe der Herzklappen einsprossen. Die typischen Entzündungssymptome mit Schwellung, Rötung, Überwärmung etc. entstehen dabei im Wesentlichen durch eine erhöhte Durchblutung. Herzklappen sind also nicht grundsätzlich gefäßfrei, sondern nur beim gesunden Herzen. Damit nehmen es die Examensfragen sehr genau …

### Merke!
Eine kleine Merkhilfe zu den Segel- und Taschenklappen kann das Wort „Segel-Tasche" darstellen: In der Reihenfolge des Blutflusses kommen zuerst die Segel- und dann die Taschenklappen.

## 2.2.1 Blutfluss im Herzen

Den Weg des Blutes durch das Herz solltest du sowohl für die schriftliche als auch für die mündliche Prüfung beherrschen (s. Abb. 9, S. 26). Das Blut fließt zunächst durch die Vena cava superior und inferior in den rechten Vorhof. Von dort gelangt es durch die Trikuspidalklappe in den rechten Ventrikel. Aus dem rechten Ventrikel gelangt es – an der Pulmonalklappe vorbei – in den Truncus pulmonalis, der sich dann in die Arteriae pulmonales gabelt. Von dort aus fließt das Blut in die Lunge, wird mit Sauerstoff gesättigt und kommt über die

## 2 Herz

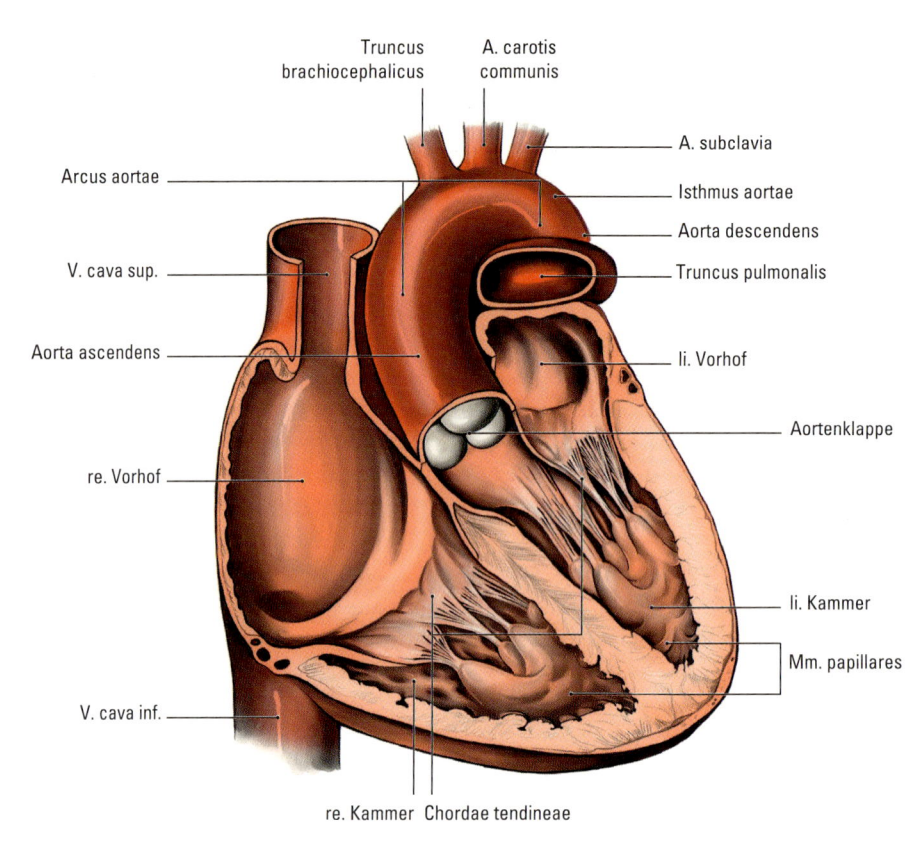

**Abb. 9:** Blutfluss im Herzen

*medi-learn.de/6-ana6-9*

Venae pulmonales zurück zum linken Vorhof. Anschließend fließt es durch die Mitralklappe in die linke Kammer, von dort durch die Aortenklappe in die Aorta und dann in die Peripherie.

### 2.2.2 Veränderungen der Herzklappen

Bei den Veränderungen der Herzklappen unterscheidet man
- die Stenose und
- die Insuffizienz.

Auch hierfür gibt es ein Modell, das dir zur Veranschaulichung dienen soll: Die Herzklappen funktionieren wie Schwingtüren. Eine Klappenstenose wäre in diesem Modell eine Tür, die deutlich zu schmal/eng angelegt ist. Trotz der schmalen und etwas klemmenden Tür muss das Blut aber in einem festgelegten Zeitraum vom Vorhof in die Kammer gelangen. Dies ist aufgrund der Enge jedoch mit normalem Kraftaufwand der Herzmuskulatur nicht möglich. Daher versucht unser Körper, mehr Druck im Vorhof aufzubauen. Diese erhöhte Druckbelastung im Vorhof führt zur Herzhypertrophie (Vergrößerung der Herzmuskelzellen).

Eine Insuffizienz der Herzklappe ist vergleichbar mit einer Tür, die sich nicht mehr schließen lässt; das Blut fließt während der Systole zurück in den Vorhof. Hierdurch ist es unmöglich, das Volumen zu begrenzen. Insuffizienzen führen daher immer zu einer Volumenbelastung.

### Übrigens ...
- Stenosen führen zu einer Druckbelastung vor der Stenose. Dies erklärt, warum das Herzgeräusch bei einer Stenose vor der eigentlichen Klappenöffnung zu hören ist.
- Insuffizienzen hört man im Wesentlichen nach dem Geräusch der ent-

sprechenden Klappe, da das Volumen durch Rückfluss zu einem Zeitraum entsteht, zu dem die Klappe bereits wieder geschlossen sein sollte.

### 2.2.3 Besonderheiten

Eine Besonderheit des Herzens sind sicherlich die Herzohren. Sie haben sowohl äußerlich als auch innerlich eine vom übrigen Herzen abweichende Struktur. Ihre Form dient zum einen dazu, ventralseitig an der Austrittsstelle der Gefäße das Herz vorne abzuflachen bzw. eine einigermaßen ebene Oberfläche zu schaffen. Eine weitere sehr wichtige Aufgabe der Herzmuskelzellen der Vorhöfe ist die Produktion von ANF/ANP (atrialer natriuretischer Faktor bzw. atriales natriuretisches Peptid). ANF wird bei erhöhter Vorhoffüllung/erhöhtem Blutdruck ausgeschüttet und steigert die Diurese.

**Übrigens ...**
Das rechte Herzohr ist häufig Bildungsort eines Blutgerinnsels, das zu einer Lungenembolie führen kann.

**Merke!**
Für die Wirkung von ANF: „Vorhof voll, Blase voll".

Auch im Bereich der Kammern zeigt sich zum Teil ein abweichendes Relief des Herzens. Der zum Reizloitungssystem gehörige rechte Tawara-Schenkel verläuft direkt unter der Kammerscheidewand (s. Abb. 10, S. 28). Dies führt dazu, dass sich in diesem Bereich, den man Trabeculum septomarginalis nennt, die Muskulatur etwas vorwölbt. Er enthält daher also Fasern des Erregungsleitungssystems. Außerdem entspringt der M. papillaris anterior der rechten Kammer von der Trabecula septomarginalis. Eine weitere Vorwölbung besteht zwischen der Pulmonal- und der Trikuspidalklappe. Diese bezeichnet man als Crista supraventricularis. Sie begrenzt die Einstrom- und die Ausstrombahn der rechten Kammer.

Die Trabecula septomarginalis und die Crista supraventricularis bezeichnet man gemeinsam auch als Moderatorband. Das Moderatorband ist eine U-förmige Struktur, die das Blut von der Kammer in Richtung Truncus pulmonalis spült.

### 2.3 Erregungsleitungssystem

Das Herz besitzt ein eigenes autonomes Erregungsbildungssystem aus spezialisierten Herzmuskelzellen. Die Reizweiterleitung erfolgt über die Arbeitsmuskulatur, die durch Gap Junctions (Nexus) untereinander verbunden ist. Diese Öffnungen ermöglichen die elektrische und metabolische Kopplung der einzelnen Herzmuskelzellen, was sie zu einem funktionellen Synzytium macht. Die erste Station der Erregungsbildung ist der Nodus sinuatrialis oder Sinusknoten. Von dort ziehen Fasern zum Nodus atrioventricularis (AV-Knoten), und dann weiter zum Atrioventrikularbündel (His-Bündel). Anschließend teilen sich die Fasern in einen rechten und linken Kammerschenkel (Tawara-Schenkel, s. IMPP-Bild 2, S. 53), die sich dann weiter aufteilen in einzelne Fasern, die Purkinje-Fasern (Rami subendocardiales). Der Sinusknoten liegt im rechten Herzen an der Einmündung der Vena cava superior in den rechten Vorhof am kranialen Abschnitt des suculus terminalis (der suculus terminalis trennt den rechten Vorhof vom rechten Herzohr). Der AV-Knoten liegt im Herzskelett und dort eher rechts, im Bereich des Trigonum fibrosum dextrum und der Mündung des Sinus coronarius im sogenannten Koch-Dreieck. Nach Durchtritt durch das Herzskelett erfolgt die Teilung in die beiden Kammerschenkel. Da die ersten erregungsleitenden Fasern eher rechts im Herzen liegen, ist der linke Tawara-Schenkel die Struktur, die das Kammerseptum (s. IMPP-Bild 2, S. 53) durchbohren muss, um die linke Seite des Herzens zu versorgen. Die Kontraktion beginnt dann in der Herzspitze.
Bereits beim Embryo wird die autonome Erregung des Herzens durch spezialisierte Muskelzellen gewährleistet.

## 2  Herz

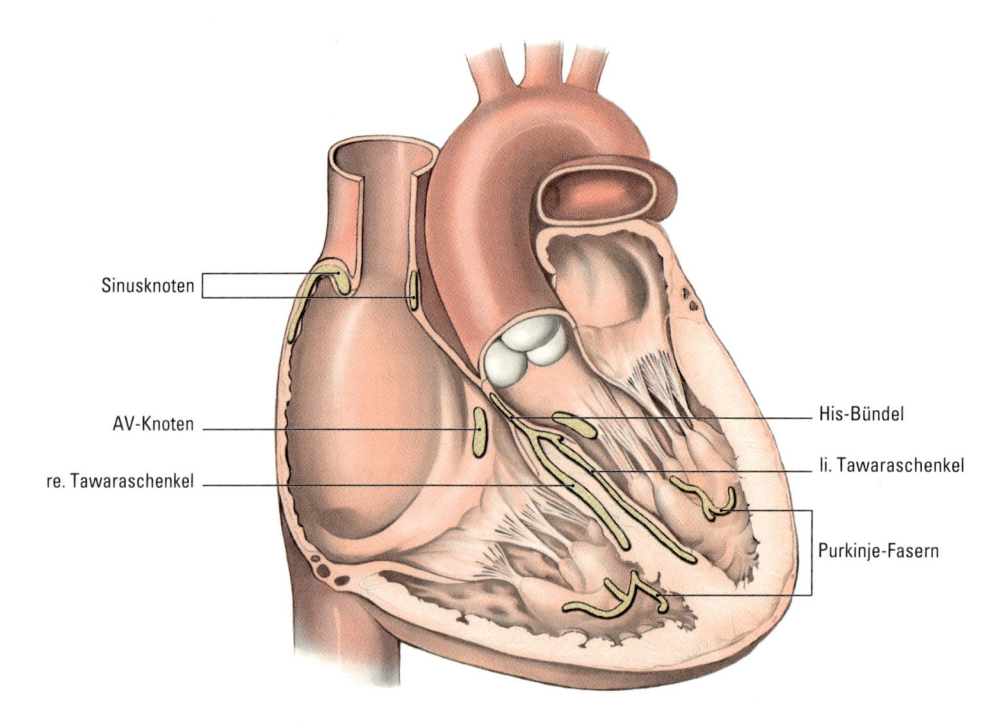

**Abb. 10: Autonomes Erregungsleitungssystem**

*medi-learn.de/6-ana6-10*

Wie alle inneren Organe, wird auch das Herz sympathisch und parasympathisch innerviert. Die sympathischen Fasern kommen als Nervi cardiaci des Sympathikus aus den drei sympathischen Halsganglien. Damit geben also alle drei zervikalen Ganglien Fasern zum Herzen ab. Des Weiteren ziehen auch noch Fasern aus dem 1. Brustganglion zum Herzen (das 1. Brustganglion verschmilzt hier mit dem unteren Zervikalganglion zum Ganglion stellatum). Der Plexus cardiacus profundus versorgt vor allem die Herzkranzgefäße, er liegt in der Nähe der Herzbasis (also dorsokaudal der Vorhof-Kammer-Grenze des linken Herzens). Die parasympathischen Fasern sind Rami cardiaci des Nervus vagus. Der Plexus cardiacus superficialis liegt um den Aortenbogen herum. Seine Fasern ziehen zum Sinus- und zum AV-Knoten sowie zur Arbeitsmuskulatur. Hierbei solltest du unbedingt beachten, dass bis zur Arbeitsmuskulatur der Kammern NUR der Sympathikus zieht. Der Parasympathikus endet nämlich bereits am AV-Knoten. Leichter merken lässt sich das vielleicht, wenn du bedenkst, dass der Parasympathikus für die Drosselung der Herzfrequenz zuständig ist, und dass die Eigenfrequenz der Arbeitsmuskulatur bereits so langsam ist, dass eine parasympathische Innervation hier nicht mehr sinnvoll wäre. Die Wirkung der beiden Nerven auf das Herz bezieht sich auf die

- Kontraktilität (inotrop),
- Frequenz (chronotrop),
- Erregungsleitung (dromotrop) und
- Erregungsschwelle (bathmotrop).

### Merke!

- Der Sympathikus wird in den Grenzstrangganglien und in den drei Zervikalganglien von prä- auf postganglionäre Fasern umgeschaltet (paravertebrale Ganglien). Zum Organ ziehen daher normalerweise postganglionäre Fasern.
- Der Parasympathikus (Fasern des N. vagus) schaltet erst in Organnähe oder sogar erst in der Wand des Organs um (prävertebrale Ganglien). Zum Organ ziehen daher in der Regel präganglionäre Fasern.

## 2.4 Herzkranzgefäße

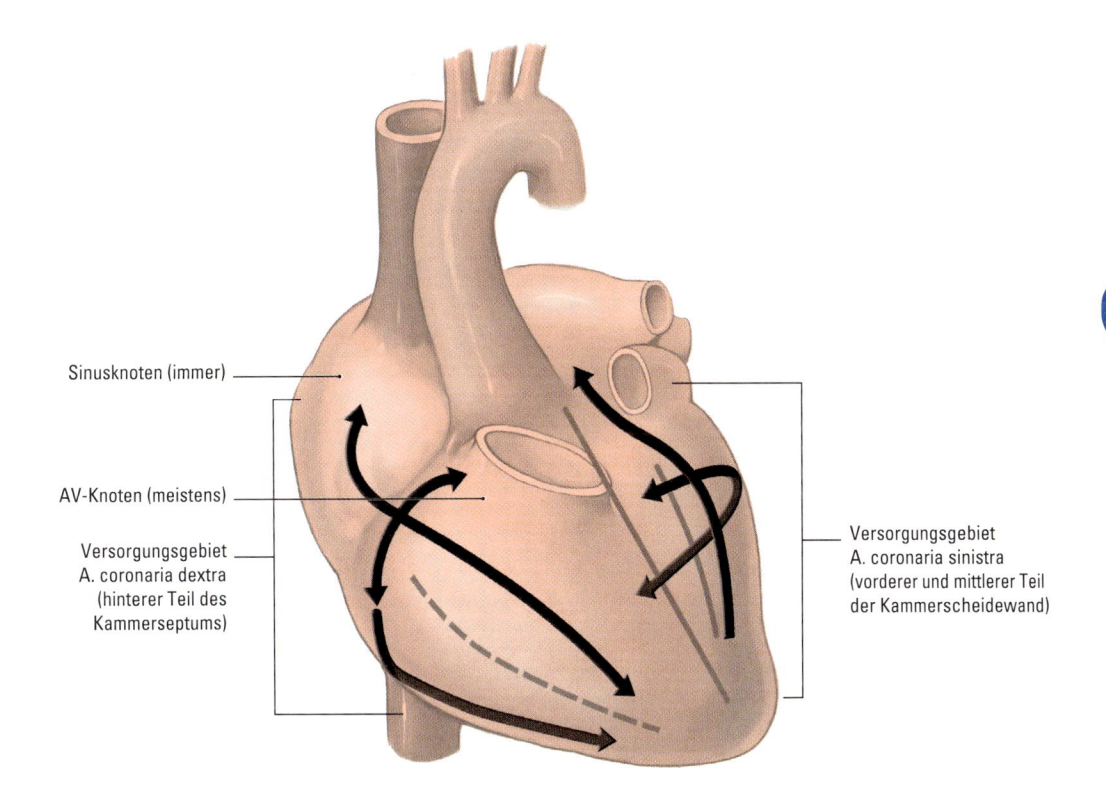

Abb. 11: Herzkranzgefäße und ihre Versorgungsgebiete

*medi-learn.de/6-ana6-11*

### 2.4 Herzkranzgefäße

Bei den Herzkranzgefäßen ist nicht die letzte Verzweigung wichtig – wichtig ist, dass du weißt, wie der große Ast des rechten und die beiden Äste des linken Herzkranzgefäßes heißen, und welche Strukturen des Erregungsleitungssystems sowie des Herzens hiervon versorgt werden.

### 2.4.1 Herzarterien

Die Blutversorgung des Herzens erfolgt – genau wie die der Lunge – über Vasa privata. Obwohl das Herz permanent von Blut durchspült wird, reicht dies zu seiner Versorgung nicht aus, da die Herzwände viel zu dick sind und das Blut viel zu schnell vorbeiströmt, um das Myokard ausreichend mit Sauerstoff zu versorgen. Zusätzlich hat das Myokard auch noch einen hohen Sauerstoffbedarf, da es ja permanent arbeitet. Die Vasa privata des Herzens sind die Arteriae coronariae (Herzkranzgefäße). Dabei handelt es sich um Arterien vom muskulären Typ, deren Äste Endarterien sind. Abb. 11, S. 29, zeigt die Aufzweigung der Herzkranzgefäße. Der linke und der rechte Sinus aortae kommen aus der Aorta ascendens und werden dann jeweils zur Arteria coronaria sinistra (s. IMPP-Bild 2, S. 53) bzw. Arteria coronaria dextra. Gemeinsam haben die beiden Arterien, dass die linke zwischen dem linken Herzen und dem Truncus pulmonalis sowie dem linken Herzohr entlang zieht, und die rechte unter dem rechten Herzohr verläuft. Die Arteria coronaria sinistra gabelt sich an der Facies sternocostalis in einen Ramus circumflexus, der über den

Sulcus coronarius sinistra zur Facies diaphragmatica zieht sowie in einen Ramus interventricularis anterior, der durch den Sulcus interventricularis anterior zur Herzspitze führt. Im Gegensatz dazu besteht bei der Arteria coronaria dextra KEINE Gabelung. Sie zieht über den Sulcus coronarius dexter in den Sulcus interventricularis posterior, heißt dort dann Ramus interventricularis posterior und führt weiter über die Facies diaphragmatica ebenfalls zur Herzspitze. Daher kann man sagen, dass die Arteria coronaria dextra insbesondere die Hinterwand des Herzens versorgt, während die Arteria coronaria sinistra die Vorder- und die Seitenwand versorgt.

Da der Sinusknoten an der Einmündung der Vena cava superior in dem rechten Vorhof liegt, wird dieser immer von der Arteria coronaria dextra versorgt. Beim Normalversorgungstyp – wie er hier geschildert ist – wird auch der AV-Knoten, der ja im Trigonum fibrosum dexter liegt, von der Arteria coronaria dextra versorgt. Da das bei anderen Versorgungstypen jedoch nicht immer der Fall ist, solltest du die Fragen hierzu sehr genau lesen: Der AV-Knoten wird eben nur meistens vom rechten Herzkranzgefäß versorgt und nicht immer.

Während das rechte Herzkranzgefäß also einen großen Teil des Erregungsleitungssystems versorgt, versorgt die linke Herzkranzarterie den größeren Teil der Kammerscheidewand.

Bei einem Herzinfarkt ist bei einem Hinterwandinfarkt der Ramus interventricularis posterior betroffen. Hierbei kommt es in der Akutphase zu einer deutlichen Gefährdung des Patienten, da die Gefäßversorgung des Erregungsleitungssystems zu einem großen Teil ausfällt.

Bei einem Vorderwandinfarkt ist der Ramus interventricularis anterior, bei einem Seitenwandinfarkt der Ramus circumflexus betroffen. Hierbei kommt es – insbesondere bei einem Vorder-Seitenwandinfarkt (kompletter Verschluss der Arteria coronaria sinistra) – innerhalb der ersten Woche zu einer ausgeprägten Gefährdung des Patienten, da – je nach Ausprägung der Ischämie – im Bereich der Herzwand eine Narbe oder Nekrose des Herzmuskels entstehen kann, die im weiteren Verlauf möglicherweise einreißt.

Bei einer Koronararterienstenose kann durch einen Bypass von der A. thoracica interna Blut in den nicht betroffenen Teil der Koronararterie geleitet werden (Mammaria interna-Bypass, nach dem englischen Namen des Gefäßes).

### 2.4.2 Herzvenen

Die Venen verlaufen zwar gemeinsam mit den Koronararterien, heißen aber ausnahmsweise NICHT so wie die arteriellen Gefäße.
- Die Vena cardiaca magna verläuft im Sulcus interventricularis anterior mit dem Ramus interventricularis anterior der Arteria coronaria sinistra. Sie sammelt das Blut aus der Vorderwand der Kammern und aus der Seitenwand der linken Kammer.
- Die Vena cardiaca media verläuft im Sulcus interventricularis posterior mit dem Ramus interventricularis posterior der Arteria coronaria dextra. Sie sammelt das Blut aus der Hinterwand.
- Die Vena cardiaca parva verläuft im rechten Teil des Sulcus coronarius mit der Arteria coronaria dextra. Sie sammelt das Blut aus der ventralen Wand des rechten Ventrikels und des rechten Vorhofs.

Alle Herzvenen vereinigen sich im Sinus coronarius und münden in den rechten Vorhof. Die einzige Ausnahme bilden die ausgesprochen kleinen Venae cardiacae minimae, die direkt in die Herzräume münden.

> **Merke!**
>
> Nicht alle Herzvenen münden in den Sinus coronarius, sondern nur der weitaus größte Teil. Vereinfachend kann man sich merken, dass
> - die Magna das Blut aus der Vorderwand,
> - die Media das Blut aus der Hinterwand und
> - die Parva den Rest sammelt; wie im Kino: die Großen sitzen immer vorne und die Kleinen hinten.

## 2.5 Histologie

Das Herz weist einen typisch dreischichtigen Wandaufbau auf, vergleichbar dem der Gefäße:
- Endokard,
- Myokard und
- Epikard.

### 2.5.1 Endokard

Die innerste Schicht der Herzwand bezeichnet man als Endokard. Sie ist vergleichbar mit dem Endothel der Gefäße. Das Endokard überzieht alle Herzinnenräume, schafft eine sehr glatte Fläche und geht kontinuierlich in die Tunica intima der Gefäße über. Es besteht – ebenso wie das Endothel – aus einem einschichtigen Plattenepithel. Unterhalb des Endothels kann man ein Stratum subendotheliale aus Bindegewebe sowie ein Stratum myoelasticum aus elastischem Bindegewebe und glatter Muskulatur unterscheiden. Das Endokard ist gefäßlos. Seine Sauerstoffversorgung erfolgt aus dem vorbeifließenden Blut. Zwischen Endokard und Myokard liegt die subendokardiale Schicht aus lockerem Bindegewebe mit Nerven und Blutgefäßen.

### 2.5.2 Myokard

Das Myokard besteht aus einer **Sonderform** der **quergestreiften Muskulatur**. Diese Muskulatur ist strangartig angeordnet, aber im Gegensatz zur Skelettmuskulatur untereinander über die Disci intercalares (Glanzstreifen) geflechtförmig verbunden und so mechanisch und elektrisch gekoppelt. Ihre Schichtdicke passt sich den Druckverhältnissen bzw. den Erfordernissen an. Daher ist die linke Kammer physiologischerweise etwa dreimal so dick wie die rechte. Die Muskulatur des Herzens wird sehr gut von Gefäßen versorgt. Im linken Herzen hat sogar jede Muskelzelle ihre eigene Kapillare. Die Erregungsleitung im Bereich der Muskulatur erfolgt durch Nexus (Gap Junctions). Diese Interzellulärverbindungen machen aus dem Myokard ein funktionelles Synzytium und bewirken die elektrische und metabolische Kopplung der einzelnen Muskelzellen.

> **Übrigens …**
> Im Erwachsenenalter sind die Muskelzellen nicht mehr regenerationsfähig, eine vermehrte Herztätigkeit führt daher grundsätzlich zu einer Hypertrophie. Die Hypertrophie wiederum bewirkt eine Minderversorgung der Muskelzellen, was schließlich eine Herzinsuffizienz verursacht.

### 2.5.3 Epikard

Auf dem Myokard liegt das Epikard, das man auch als viszerales Blatt des Herzbeutels bezeichnet. Es umschließt das Fettgewebe der subepikardialen Schicht und ist ein Mesothel (einschichtiges plattes/kubisches Epithel). Durch seinen Aufbau ermöglicht das Epikard ein reibungsfreies Gleiten des Herzens im Herzbeutel.

## 2.6 Herzbeutel

Als viszerales Blatt wird häufig das Epikard bezeichnet. Es liegt direkt an der Herzoberfläche und am Myokard. Das eigentliche Perikard kann man in zwei Schichten unterteilen:
- In das Pericardium serosum, eine seröse Haut, die Flüssigkeit zum reibungslosen Gleiten des Herzens absondert, ähnlich wie die Pleura der Lunge, wobei im Herzen jedoch kein Unterdruck entsteht;
- In das Pericardium fibrosum, das dem Pericardium serosum nach außen anliegt. Es besteht aus kollagenem Bindegewebe und verhindert die Überdehnung des Herzens.

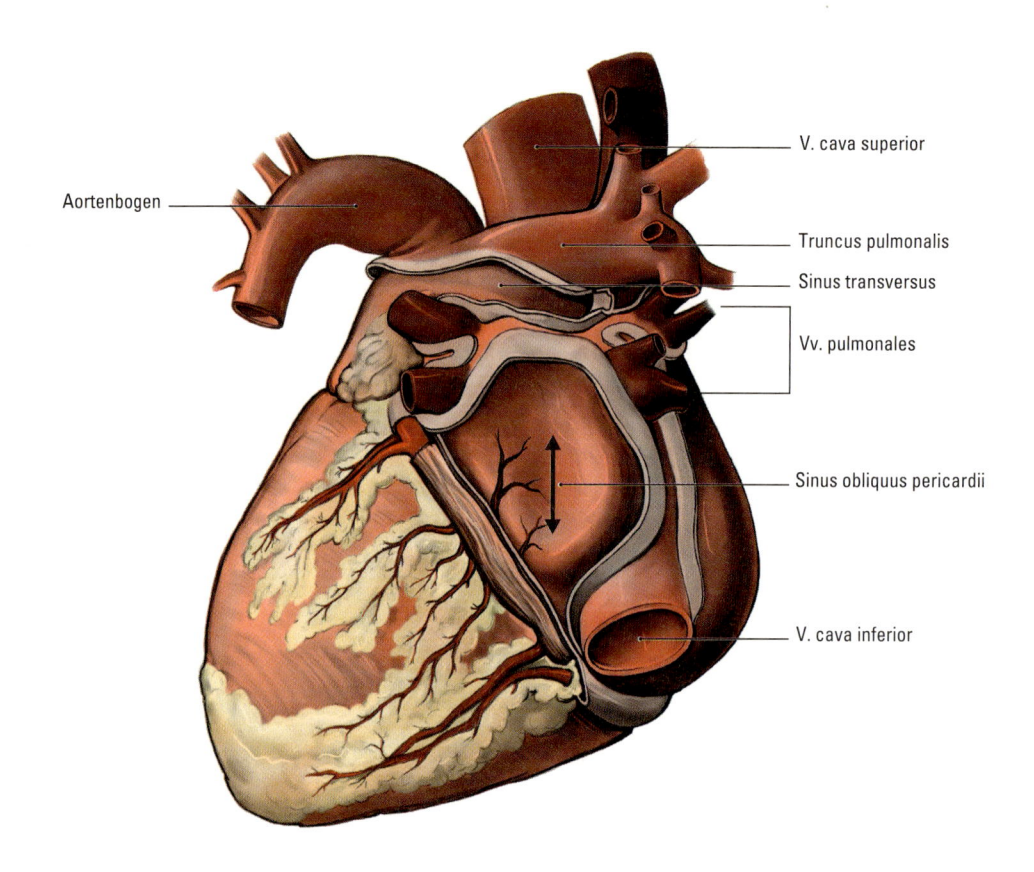

## 2 Herz

**Abb. 12: Gefäße und Umschlagsfalten des Herzbeutels**

medi-learn.de/6-ana6-12

Das straffe Pericardium fibrosum, das physiologisch eine wichtige Aufgabe erfüllt, kann dem Herzen jedoch auch zum Nachteil gereichen. Kommt es zu einem Einreißen der Herzmuskulatur (z. B. bei einer Infarktnarbe) oder zu einer von außen herbeigeführten Verletzung des Myokards, so kann Blut aus dem Herzen in den Herzbeutel austreten. Da das Pericardium fibrosum jedoch kaum dehnbar ist, bewirkt das ausgetretene Blut eine Kompression des Herzens, einen Zustand, den man Herzbeuteltamponade nennt.

**Übrigens ...**
Eine Herzbeuteltamponade ist lebensgefährlich und kann nur durch eine Punktion des Perikards beseitigt werden.

Die sensible Innervation des Perikards erfolgt durch den Nervus phrenicus bzw. dessen Ramus pericardiacus. Die arterielle Versorgung übernehmen zum einen die Rami pericardiaci aus der Aorta thoracica, zum anderen die Arteria pericardiacophrenica aus der Arteria thoracica interna. Der Blutabfluss erfolgt – ebenso wie der der Lunge – über die Vena azygos (s. IMPP-Bild 1, S. 53) bzw. die Vena hemiazygos.

Die Umschlagfalten des Herzbeutels entstehen durch die Herzentwicklung. Man unterscheidet einen Sinus transversus, der von rechts nach links zwischen den Arteriae und den Venae pulmonales verläuft sowie einen Sinus obliquus, der dorsal der Pulmonalgefäße entlang der Vena cava (zwischen rechten und linken Pulmonalgefäßen) verläuft (s. Abb. 12, S. 32):

## 2.6 Herzbeutel

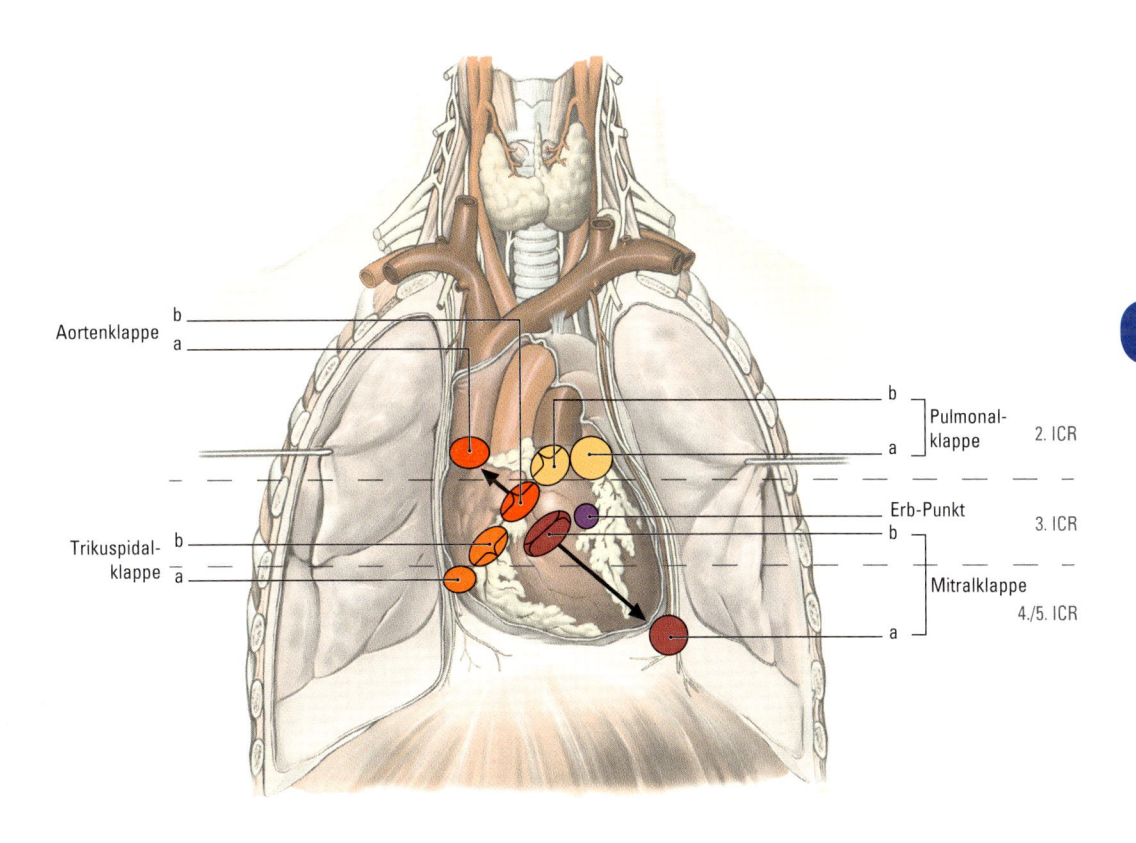

**Abb. 13: Auskultations- und Projektionsstellen der Herzklappen**  
medi-learn.de/6-ana6-13

- Der Sinus obliquus pericardii liegt zwischen den rechten und linken Lungenvenen. Er grenzt somit an die Lungenvenen, den linken Vorhof und an das Perikard, NICHT jedoch an die Bifurcatio tracheae.
- Der Sinus transversus pericardii verläuft zwischen der V. cava superior und der Aorta ascendens sowie zwischen den linken Lungenvenen und dem Truncus pulmonalis.

Der Herzbeutel reicht kranial bis zum Ansatz der 2. Rippe am Sternum und ist kaudal mit dem Centrum tendineum des Zwerchfells verwachsen. Dies führt dazu, dass das Herz den Atembewegungen des Zwerchfells harmonisch folgt und nicht bei jedem Atemzug das Zwerchfell von kaudal gegen das Herz stößt. Nach lateral wird der Herzbeutel von den Lungen begrenzt. In diesem Bereich verlaufen auch der Nervus phrenicus und die Arteria sowie die Vena pericardiacophrenica. Ventral des Herzens liegt das vordere, dorsal des Herzens das hintere Mediastinum (s. 3.2, S. 42).

Innerhalb des Herzbeutels liegen u. a.
- die Pars ascendens der Aorta,
- der Truncus pulmonalis,
- ein Teil der V. cava inferior und
- ein Teil der V. cava superior (s. IMPP-Bild 1, S. 53).

> **Merke!**
>
> Die V. brachiocephalica liegt bereits außerhalb des Herzbeutels.

Die Auskultations- und Projektionsstellen der Herzklappen zeigt Abb. 13, S. 33, den Herzschatten im Röntgenbild Abb. 14, S. 34.

## 2 Herz

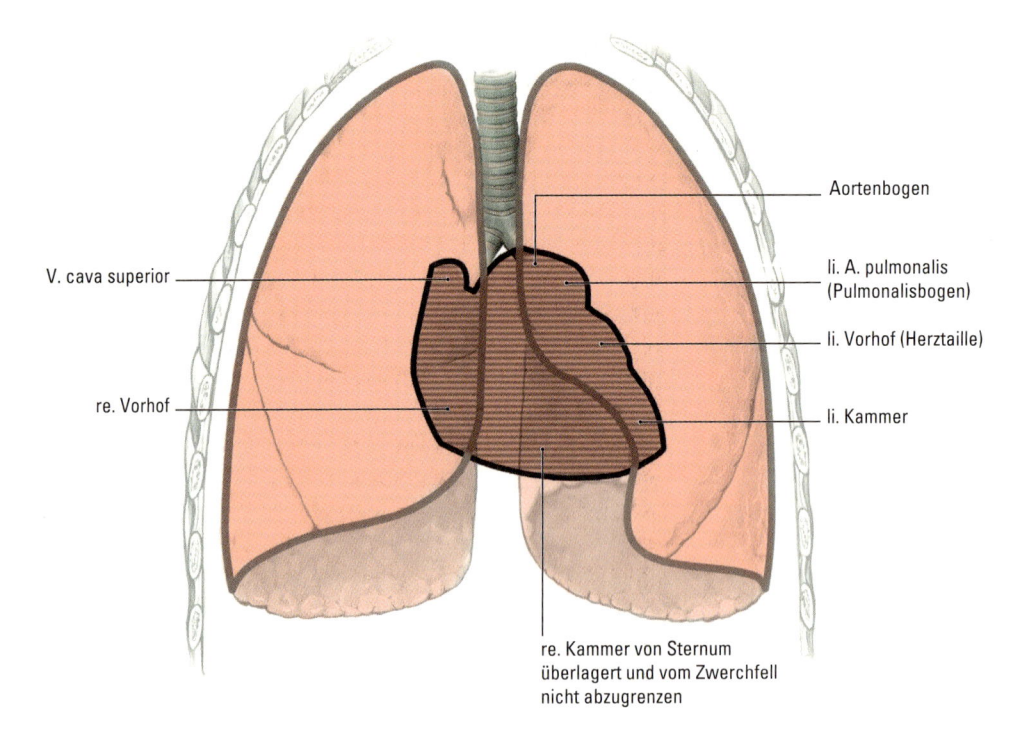

**Abb. 14: Herzschatten im Röntgenbild**

Labels: Aortenbogen; li. A. pulmonalis (Pulmonalisbogen); li. Vorhof (Herztaille); li. Kammer; V. cava superior; re. Vorhof; re. Kammer von Sternum überlagert und vom Zwerchfell nicht abzugrenzen

*medi-learn.de/6-ana6-14*

## DAS BRINGT PUNKTE

Die **Topografie des Herzens** wird sehr häufig im Schriftlichen gefragt. Die folgenden Punkte zu lernen, ist daher wirklich lohnend fürs Examen:
- Der linke Vorhof (Atrium) grenzt an den Ösophagus.
- Der linke Ventrikel grenzt an das Zwerchfell und an den Unterlappen der linken Lunge.
- Der linke Ventrikel grenzt an die Aorta descendens.
- Der rechte Vorhof grenzt an die rechte Lunge (Mittel- und Unterlappen).
- Der rechte Ventrikel grenzt an das Sternum.
- Der Truncus pulmonalis grenzt an das linke Herzohr.
- Der Aortenbogen grenzt an den Thymus.

Außerdem solltest du noch wissen, wodurch der **linke** und der **rechte Herzrand** in der Röntgenübersichtsaufnahme des Thorax gebildet werden.
Der „linke Herzrand" wird gebildet durch
- Arcus aortae,
- Truncus pulmonalis,
- Vv. pulmonales sinister,
- Atrium sinistrum (linker Vorhof) und
- Ventriculus sinister (linke Kammer).

Der „rechte Herzrand" wird gebildet durch
- V. cava,
- Atrium dextrum (rechten Vorhof),
- A. pulmonalis dexter und
- Vv. pulmonales dexter.

Zu den **Klappen und Gefäßen** solltest du dir insbesondere diese beiden Fakten einprägen:
- Der Sinusknoten wird immer, der AV-Knoten meistens von der A. coronaria dextra versorgt und
- die Herzklappen sind NICHT immer, sondern nur beim gesunden Herzen IMMER gefäßfrei.

Von den **Besonderheiten des Herzens** solltest du dir unbedingt die Lage der Trabecula septomarginalis und der Crista supraventricularis für das Schriftliche einprägen:
- Die Trabecula septomarginalis enthält Fasern des Erregungsleitungssystems,
- der M. papillaris anterior der rechten Kammer entspringt von der Trabecula septomarginalis und
- die Vorwölbung zwischen der Pulmonal- und der Trikuspidalklappe bezeichnet man als Crista supraventricularis. Sie begrenzt die Einstrom- und die Ausstrombahn der rechten Kammer.

Nicht nur die autonome, sondern vor allem die vegetative **Innervation des Herzens** werden im Schriftlichen gerne gefragt. Dazu solltst du dir die folgenden Aussagen merken:
Die Innervation des Herzens erfolgt durch
- sensible Fasern des Nervus vagus mit Zellkörpern in den sensiblen Vagusganglien (Ggl. jugulare),
- präganglionäre parasympathische Fasern aus dem Hirnstamm, die mit dem N. vagus zu Ganglien am Herzen ziehen,
- sensible Fasern, die in thorakalen Spinalsegmenten enden; diese verlaufen mit den sympathischen Nervenfasern,
- postganglionäre sympathische Fasern aus dem Ganglion cervicale superius und medium sowie
- postganglionäre sympathische Fasern aus dem Ganglion stellatum (Verschmelzung des Ganglion cervicale inferior und des ersten thorakalen Grenzstrangganglions).

Aus dem Kapitel **Herzarterien** wird ganz besonders gerne gefragt, dass
- die A. coronaria dextra immer den Sinusknoten und meist auch den AV-Knoten versorgt.

## DAS BRINGT PUNKTE

Zu den **Herzvenen** solltest du dir merken, dass
- NICHT alle Herzvenen im Sinus coronarius münden; die V. cardiacae minimae münden nämlich direkt in die Herzräume.

Zudem stehen folgende Fakten ganz oben auf der Hitliste für das Schriftliche:
- Das Endokard geht kontinuierlich in die Tunica intima der Gefäße über.
- Das Myokard besteht aus einer Sonderform der quergestreiften Muskulatur.
- Die Muskulatur des Myokards ist strangartig angeordnet, aber im Gegensatz zur Skelettmuskulatur untereinander geflechtförmig verbunden.
- Die Schichtdicke des Myokards passt sich den Druckverhältnissen bzw. den Erfordernissen an.
- Durch seinen Aufbau ermöglicht das Epikard ein reibungsfreies Gleiten des Herzens im Herzbeutel.

Folgende Punkte zum **Herzbeutel** werden immer wieder im Schriftlichen gefragt:
Innerhalb des Herzbeutels liegen
- die Pars ascendens der Aorta,
- der Truncus pulmonalis,
- ein Teil der V. cava inferior und
- ein Teil der V. cava superior.

Innerhalb des Herzbeutels liegt KEIN Teil der V. brachiocephalica sinistra.

## FÜRS MÜNDLICHE

Ein Präparat des Herzens solltest du unbedingt entsprechend seiner anatomischen Lage halten. Die Topografie wird immer wieder gerne gefragt. Den Blutfluss durch das Herz und die Herzklappen solltest du im Mündlichen flüssig wiedergeben können.

Im Mündlichen wird gelegentlich nach dem Moderatorband gefragt. Unter dem Moderatorband versteht man die Trabecula septomarginalis und die Crista supraventricularis. Das Moderatorband ist U-förmig und spült das Blut von der Kammer in Richtung Truncus pulmonalis.

Die autonome und die vegetative Innervation des Herzens sind nicht nur für die mündliche Anatomie-, sondern auch für die mündliche Physiologie-Prüfung wirklich wichtig und sollten dir daher unbedingt geläufig sein. Die Herzkranzgefäße solltest du benennen und am Modell auch zeigen können. Die Besonderheiten der Herzmuskulatur werden gerne gefragt und sollten daher unbedingt beherrscht werden.

1. Erklären Sie bitte, welchen Teil des Herzens man in einer normalen Ultraschalluntersuchung des Herzens (UKG) nur sehr eingeschränkt beurteilen kann.

2. Bitte erläutern Sie, wie die Herzachse verläuft.

3. Beschreiben Sie bitte den Blutfluss durch das Herz.

4. Beschreiben Sie bitte die autonome Innervation des Herzens.

5. Erläutern Sie bitte den Unterschied zwischen der autonomen und der vegetativen Innervation des Herzens.

6. Erklären Sie bitte, was das Ganglion stellatum ist.

## FÜRS MÜNDLICHE

7. Nennen Sie das Gefäß, welches beim Vorder-Seitenwandinfarkt verschlossen ist.

8. Erklären Sie bitte, welche Vene das Blut von der Vorderwand des Herzens sammelt.

9. Bitte erläutern Sie, wo die Herzvenen münden.

10. Nennen Sie die drei Schichten des Herzens und erläutern Sie, was ihre Besonderheiten sind.

11. Erklären Sie bitte den Unterschied zwischen Hypertrophie und Hyperplasie.

12. Erläutern Sie bitte das funktionelle Synzytium des Herzens.

13. Erläutern Sie, was die Herzmuskulatur ist.

14. Bei einem 45-jährigen Mann fällt bei einer Röntgenuntersuchung des Thorax ein vergrößerter Winkel zwischen den beiden Stammbronchien auf. Dies beruht auf einer Vergrößerung eines dort liegenden Organs/Organabschnitts. Nennen Sie das Organ, welches am wahrscheinlichsten betroffen ist.

15. Erklären Sie, was eine Herzbeuteltamponade sein könnte.

---

**1. Erklären Sie bitte, welchen Teil des Herzens man in einer normalen Ultraschalluntersuchung des Herzens (UKG) nur sehr eingeschränkt beurteilen kann.**
Den linken Vorhof. Er liegt am weitesten dorsal und wird von vielen Strukturen überdeckt. Zur Beurteilung des linken Vorhofs führt man daher ein TEE (transösophageales Echokardiogramm) durch.

**2. Bitte erläutern Sie, wie die Herzachse verläuft.**
Von rechts kranial nach links kaudal.

**3. Beschreiben Sie bitte den Blutfluss durch das Herz.**
– Vena cava,
– rechter Vorhof,
– Trikuspidal- (Segel-)Klappe,
– rechte Kammer,
– Pulmonal- (Semilunar-, Taschen-)Klappe,
– Truncus pulmonalis,
– Aa. pumonales,
– Lunge,
– Vv. pulmonales,
– linker Vorhof,
– Mitral- (Bikuspidal-, Segel-)Klappe,
– linke Kammer,
– Aorten- (Taschen-)Klappe,
– Aortenbogen und
– Körper.

**4. Beschreiben Sie bitte die autonome Innervation des Herzens.**
Das Herz hat ein eigenes Erregungsleitungssystem, kann aber auch „von außen" durch das vegetative Nervensystem angeregt oder gehemmt werden. Zum autonomen Erregungsleitungssystem gehören:
– Sinusknoten,
– AV-Knoten,
– His Bündel,
– Tawara-Schenkel,
– Purkinje-Fasern.

**5. Erläutern Sie bitte den Unterschied zwischen der autonomen und der vegetativen Innervation des Herzens.**
Autonome Innervation:
Hier wird die Eigenfrequenz des Herzens festgelegt. Die Frequenz ändert sich je nach Lokalisation des Erregungszentrums. Für die Erregungsbildung sind autonome, spezialisierte Muskelzellen verantwortlich.

## FÜRS MÜNDLICHE

Vegetative Innervation:
Sympathikus und Parasympathikus können das autonome Erregungsleitungssystem beeinflussen (z. B. die Frequenz erhöhen oder verlangsamen).

**6. Erklären Sie bitte, was das Ganglion stellatum ist.**
Das Ganglion stellatum ist eine Verschmelzung des sympathischen Ganglion cervicale inferior und des ersten thorakalen Grenzstrangganglions

**7. Nennen Sie das Gefäß, welches beim Vorder-Seitenwandinfarkt verschlossen ist.**
Die A. coronaria sinistra.

**8. Erklären Sie bitte, welche Vene das Blut von der Vorderwand des Herzens sammelt.**
Die V. cardiaca magna.

**9. Bitte erläutern Sie, wo die Herzvenen münden.**
Zum größten Teil in den Sinus coronarius, dieser mündet dann in den rechten Vorhof.

**10. Nennen Sie die drei Schichten des Herzens und erläutern Sie, was ihre Besonderheiten sind.**
Endokard = Endothel des Herzens.
Myokard: Schichtdicke je nach Druckverhältnissen unterschiedlich, Gap Junctions, bei übermäßiger Belastung Entwicklung einer Hypertrophie.
Epikard überzieht die Außenseite des Herzens.

**11. Erklären Sie bitte den Unterschied zwischen Hypertrophie und Hyperplasie.**
Hypertrophie = Vergrößerung der Zellgröße ohne Vermehrung der Zellzahl.
Hyperplasie = Vermehrung der Zellzahl ohne Zunahme der Zellgröße.

**12. Erläutern Sie bitte das funktionelle Synzytium des Herzens.**
Die Gap Junctions (Nexus). Sie ermöglichen die elektrische und metabolische Kopplung der Zellen.

**13. Erläutern Sie, was die Herzmuskulatur ist.**
Eine Sonderform der quergestreiften Muskulatur: Die Zellen sind untereinander geflechtförmig verbunden und bilden ein funktionelles Synzytium.

**14. Bei einem 45-jährigen Mann fällt bei einer Röntgenuntersuchung des Thorax ein vergrößerter Winkel zwischen den beiden Stammbronchien auf. Dies beruht auf einer Vergrößerung eines dort liegenden Organs/Organabschnitts. Nennen Sie das Organ, welches am wahrscheinlichsten betroffen ist.**
Aufgrund der normalen Lage der Organe handelt es sich dabei am wahrscheinlichsten um den rechten Herzvorhof.

**15. Erklären Sie, was eine Herzbeuteltamponade sein könnte.**
Tritt Blut aus dem Herzen aus (z. B. durch Aufreißen einer Infarktnarbe oder durch ein Trauma), so sammelt es sich im Herzbeutel. Da dieser sehr fest ist, gibt er kaum nach und das Blut tamponiert das Herz, was zum Tod führen kann.

# Pause

Kurze Pause!

## 3 Ösophagus und Mediastinum

Fragen in den letzten 10 Examen: 8

### 3.1 Ösophagus

Der Ösophagus beginnt auf Höhe von C6/C7. Auf dieser Höhe sind auch die Trachea, die Schilddrüse und der Kehlkopf lokalisiert. Er endet etwa auf Höhe von Th11/Th12 am Mageneingang (Kardia) und ist ca. 25 bis 30 cm lang. Damit ist der Ösophagus genauso lang wie z. B. das Duodenum, der Ureter und die männliche Urethra.

Entsprechend seines Verlaufs kann man den Ösophagus in drei Teile einteilen:
- Pars cervicalis bis zum oberen Sternumrand, hinter der Trachea gelegen. Sie besteht überwiegend aus quergestreifter Muskulatur und wird vom Nervus laryngeus recurrens innerviert.
- Pars thoracica bis zum Zwerchfell, zwischen Trachea und Aorta etwas rechts, sonst eher links liegend. Sie zieht zwischen dem Herzbeutel und der Wirbelsäule nach kaudal sowie mit dem Truncus vagalis anterior und posterior durch das Zwerchfell.
- Pars abdominalis unterhalb des Zwerchfells bis zum Magen. Sie hinterlässt auf dem linken Leberlappen eine Impression und liegt intraperitoneal.

Eine **Besonderheit** des Ösophagus ist seine **Muskulatur**. Diese ist im oberen Drittel quergestreift, dann folgt ein Übergangsstück aus quergestreifter und glatter Muskulatur, wobei der Anteil der glatten Muskulatur überwiegt und schließlich der distale Anteil mit ausschließlich glatter Muskulatur.

Auch das Epithel des Ösophagus unterscheidet sich von dem des restlichen Verdauungstrakts. Es ist ein mehrschichtig unverhorntes Plattenepithel (im gesamten restlichen Verdauungstrakt ist das Epithel einschichtig hochprismatisch).

> **Übrigens ...**
> Auf einigen histologischen Schnitten ist das mehrschichtig unverhornte Epithel verhornt. Zu dieser Verhornung kommt es bei starker mechanischer Beanspruchung wie z. B. durch Aufnahme von sehr ballaststoffreicher Nahrung (Das Präparat stammt häufig von Nagetieren).

In seinem **Verlauf** weist der Ösophagus drei Engen auf:
- Die erste Enge befindet sich direkt am Anfang (Ösophagusmund) auf Höhe C6/C7.
- Die zweite Enge entsteht an der Bifurcatio tracheae, wo von lateral zusätzlich die Aorta über den linken Hauptbronchus zieht und somit den Ösophagus einengt. Diese Enge wird als Aortenenge bezeichnet und liegt etwa auf Höhe von Th4/Th5.
- Die dritte und letzte Enge entsteht am Durchtritt des Ösophagus durch das Zwerchfell in Höhe Th10/Th11. Diese Zwerchfellenge ist NICHT durch einen Sphinkter o. Ä. bedingt, sondern dadurch, dass die Zwerchfellmuskulatur in einer Schlaufe um den Hiatus oesophageus herum zieht (s. Abb. 15, S. 41). Bei Kontraktion des Zwerchfells verengt sich so der Hiatus oesophageus.

> **Übrigens ...**
> Physiologischerweise ist die erste Enge die engste. Dies erscheint auch sinnvoll, denn es ist sicherlich angenehmer, gleich zu Beginn des Schluckens zu bemerken, dass der Bissen zu groß ist, anstatt es erst oberhalb des Zwerchfells festzustellen.

## 3.1 Ösophagus

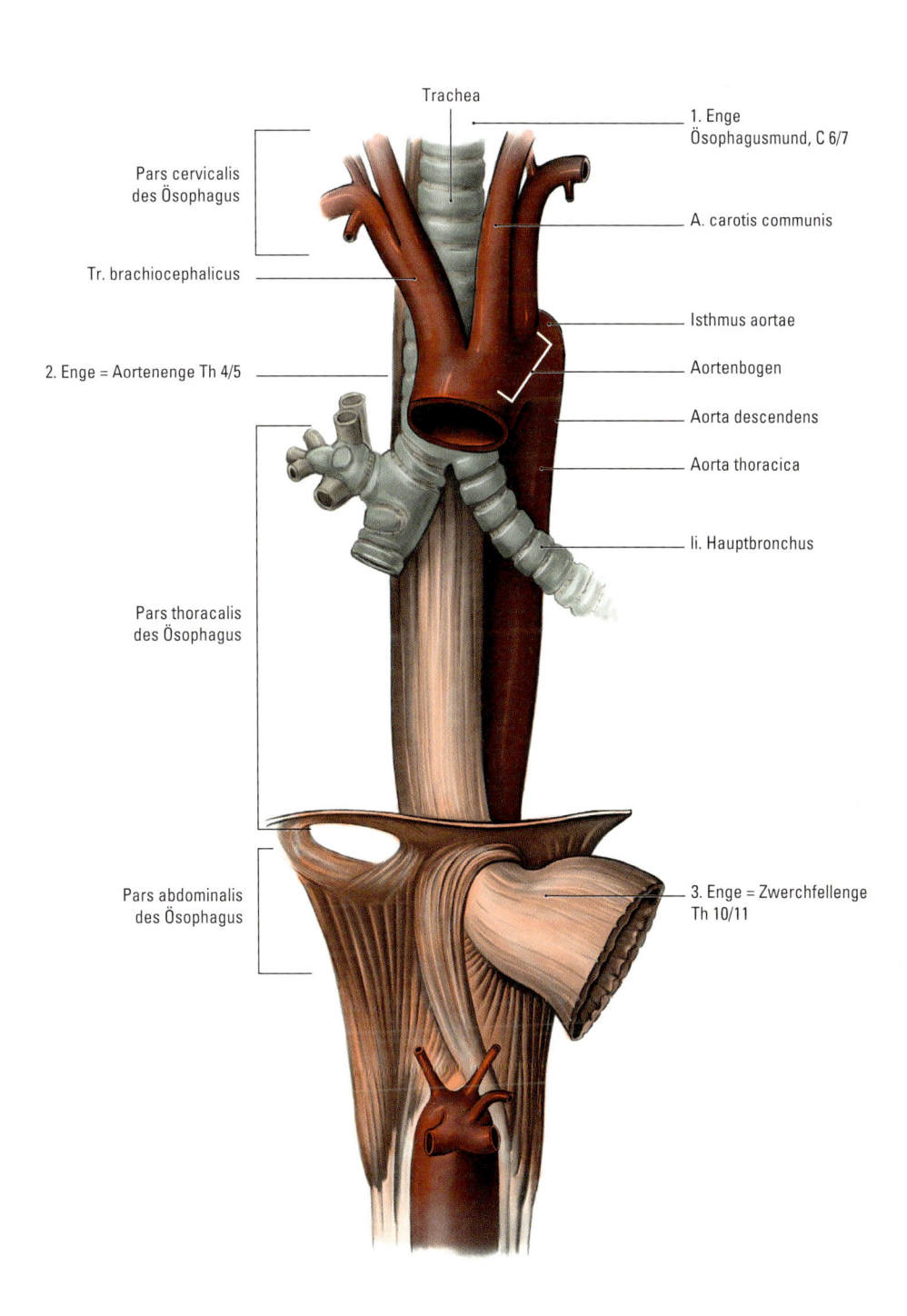

**Abb. 15: Ösophagus**

Labels:
- Trachea
- 1. Enge Ösophagusmund, C 6/7
- Pars cervicalis des Ösophagus
- A. carotis communis
- Tr. brachiocephalicus
- Isthmus aortae
- Aortenbogen
- 2. Enge = Aortenenge Th 4/5
- Aorta descendens
- Aorta thoracica
- li. Hauptbronchus
- Pars thoracalis des Ösophagus
- 3. Enge = Zwerchfellenge Th 10/11
- Pars abdominalis des Ösophagus

*medi-learn.de/6-ana6-15*

# 3 Ösophagus und Mediastinum

Die Innervation des Ösophagus erfolgt – wie bei allen inneren Organen – über sympathische und parasympathische Nerven und damit über den Nervus vagus bzw. seine Äste und über den Sympathikus.

Seine Blutversorgung unterscheidet sich in den einzelnen Bereichen:
- zervikal erfolgt die Versorgung über die Arteria subclavia und über die Arteria thyroidea inferior (sie stammt aus dem Truncus thyreocervicalis aus der Arteria subclavia),
- thorakal übernehmen die Rami oesophagei der Aorta thoracica, die ja in direkter topografischer Nähe liegt, die Gefäßversorgung und
- im Bereich des Zwerchfells sowie abdominal versorgen die Arteriae phrenicae inferiores und die Arteria gastrica sinistra den Ösophagus.

Der Blutabfluss verhält sich entsprechend:
- im zervikalen Bereich erfolgt er über die Venae thyroideae inferiores,
- thorakal über die Venae azygos (s. IMPP-Bild 1, S. 53) und hemiazygos und
- abdominal über die Vena gastrica sinistra.

## 3.2 Mediastinum

Das Mediastinum ist sicherlich ein sehr unbeliebtes Kapitel. Hast du jedoch seine grundsätzliche Einteilung verstanden, so kannst du Verlauf und Lage der Strukturen einfach herleiten und musst sie nicht auswendig lernen.

Als Mediastinum bezeichnet man einen zylinderförmigen Hohlraum. Dieser Hohlraum beginnt kranial an der oberen Thoraxapertur (gebildet von der 1. Rippe und der Clavicula) und endet am Zwerchfell. Die rechte und die linke Begrenzung stellen die beiden Lungenflügel dar, die ventrale Begrenzung sind das Sternum und die Rippen, die dorsale Grenze sind die Wirbelsäule und die Rippen.

Das Mediastinum kann jedoch noch weiter unterteilt werden (s. Abb. 16, S. 42):
- Als oberes Mediastinum bezeichnet man den Teil, der oberhalb des Herzens liegt,
- das untere Mediastinum liegt auf Höhe des Herzens.

Da das Herz nicht das gesamte untere Mediastinum ausfüllt, wird das untere Mediastinum noch einmal weiter unterteilt:
- Man unterscheidet hier ein vorderes Mediastinum (vor dem Herzen gelegen),
- ein mittleres Mediastinum (enthält im Wesentlichen das Herz) und
- ein hinteres Mediastinum (hinter dem Herzen gelegen).

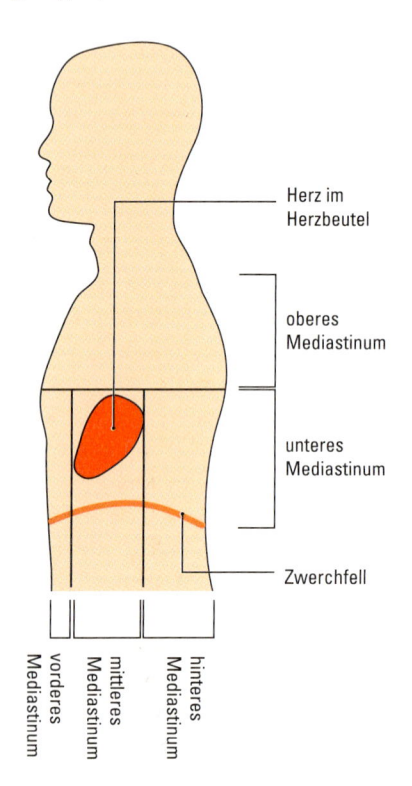

**Abb. 16: Unterteilung des Mediastinums**

*medi-learn.de/6-ana6-16*

## 3.2 Mediastinum

> **Übrigens ...**
> Vergegenwärtigst du dir, dass die gesamte Einteilung des Mediastinums auf der Lage des Herzens beruht, kannst du dir die einzelnen Strukturen, die das jeweilige Mediastinum enthält, einfach herleiten.

Im **oberen Mediastinum** verlaufen also z. B.
- die Trachea,
- der Ösophagus,
- die Nn. vagi,
- der Nervus laryngeus recurrens,
- der Aortenbogen (zieht am weitesten nach dorsal),
- der Thymus-Restkörper
- die beiden sympathischen Grenzstränge,
- die Vena azygos (s. IMPP-Bild 1, S. 53),
- die Vena cava superior, die V. brachiocephalica
- die Vena hemiazygos accessoria,
- der Ductus thoracicus und
- gelegentlich auch die Arteria und Vena thoracica interna.

Im **vorderen Mediastinum** verlaufen
- ebenfalls gelegentlich die Arteria und Vena thoracica interna,

ansonsten enthält es beim Erwachsenen üblicherweise nur noch
- Fettgewebe,
- Lymphknoten und
- gelegentlich den Ramus phrenicoabdominalis dexter und kleine Teile des Thymusrestkörpers.

Im **mittleren Mediastinum** befinden sich
- das Herz mit der Pars ascendens aortae und
- die Nn. phrenici, da sie rechts und links des Herzbeutels verlaufen.

> **Übrigens ...**
> Gelegentlich kommt es durch die Drehung des Herzens sogar dazu, dass der rechte Nervus phrenicus soweit ventral liegt, dass er auch zum vorderen Mediastinum gezählt werden kann.

Im **hinteren Mediastinum** verläuft
- die Aorta thoracica,
- der Ösophagus,
- die Vena azygos (s. IMPP-Bild 1, S. 53),
- die Vena hemiazygos,
- der Nervus vagus,
- der Sympathikus und
- der Ductus thoracicus.

NICHT im hinteren Mediastinum verlaufen die Trachea, da sie oberhalb des Herzens bereits aufhört, und die Vena cava, die an dieser Stelle gerade das Herz erreicht hat.

# Ein besonderer Berufsstand braucht besondere Finanzberatung.

Als einzige heilberufespezifische Finanz- und Wirtschaftsberatung in Deutschland bieten wir Ihnen seit Jahrzehnten Lösungen und Services auf höchstem Niveau. Immer ausgerichtet an Ihrem ganz besonderen Bedarf – damit Sie den Rücken frei haben für Ihre anspruchsvolle Arbeit.

- Services und Produktlösungen vom Studium bis zur Niederlassung
- Berufliche und private Finanzplanung
- Beratung zu und Vermittlung von Altersvorsorge, Versicherungen, Finanzierungen, Kapitalanlagen
- Niederlassungsplanung & Praxisvermittlung
- Betriebswirtschaftliche Beratung

## Lassen Sie sich beraten!

Nähere Informationen und unseren Repräsentanten vor Ort finden Sie im Internet unter www.aerzte-finanz.de

**Deutsche Ärzte Finanz**

Standesgemäße Finanz- und Wirtschaftsberatung

## 4 Nerven und Gefäße im Thorax

Fragen in den letzten 10 Examen: 11

### 4.1 Verlauf des Nervus phrenicus

Von den Kenntnissen über den Verlauf der großen Nerven und Gefäße im Thorax kannst du sowohl im schriftlichen als auch im mündlichen Examen sehr profitieren!

Der Nervus phrenicus beginnt auf Höhe von C3, 4 und 5, wobei der Hauptteil des Nervus phrenicus aus C4 stammt. Er verläuft auf dem Musculus scalenus anterior und daher im Halsbereich lateral des Nervus vagus und zieht danach zwischen Arteria und Vena subclavia in den Thorax. Im Thorax zieht er rechts und links am Mediastinum entlang und innerviert zunächst sensibel die Pleura, dann das Perikard (er zieht also VOR dem Lungenhilum entlang), tritt anschließend durch das Zwerchfell (rechts mit der Vena cava, links mit dem Ösophagus) und innerviert von kaudal motorisch das Zwerchfell sowie sensibel das Peritoneum.

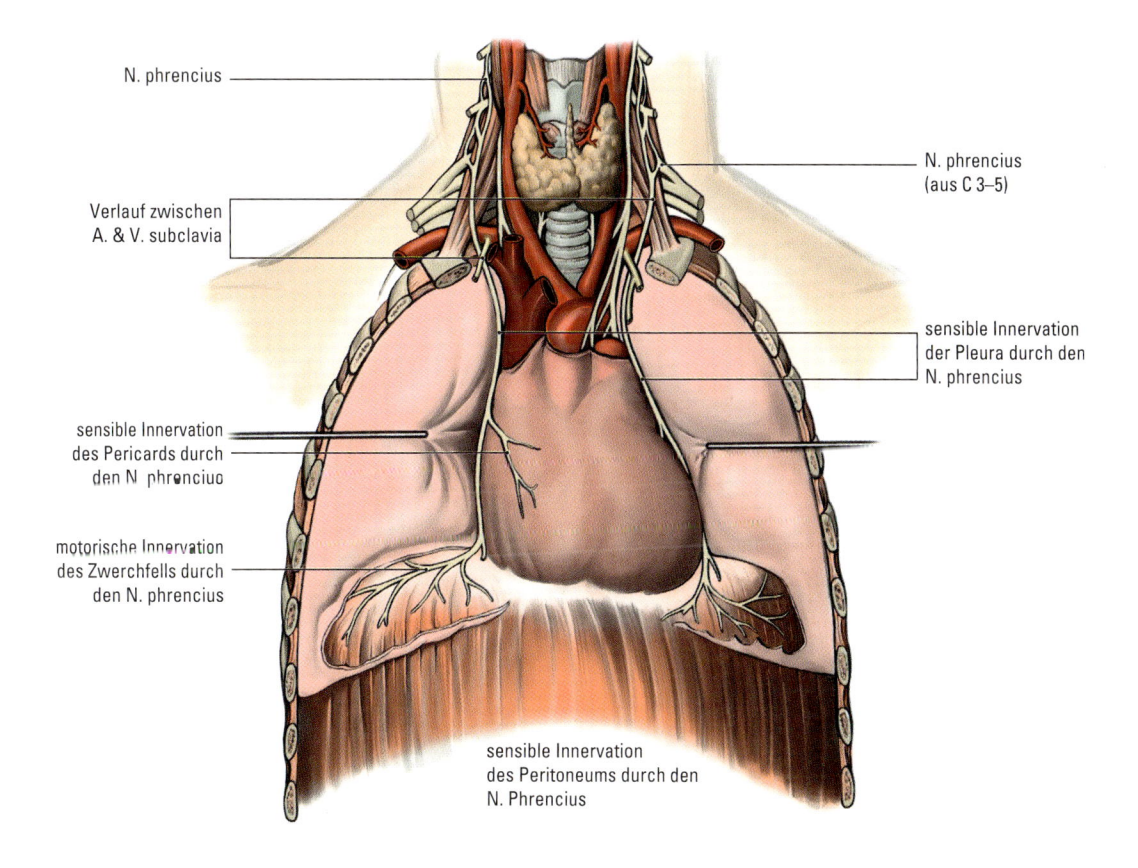

**Abb. 17**: Verlauf des N. phrenicus       *medi-learn.de/6-ana6-17*

# 4 Nerven und Gefäße im Thorax

> **Merke!**
>
> Die drei „P" für die sensible Innervation des Nervus phrenicus lauten:
> - Pleura,
> - Perikard und
> - Peritoneum.
>
> Für die Durchtrittsstelle links durch das Zwerchfell gilt die Merkhilfe „ÖVP": Hier treten
> - der Ösophagus,
> - der Vagus und
> - der linke Phrenicus gemeinsam durch das Zwerchfell (gelegentlich hat der N. phrenicus auch eine eigene Durchtrittsstelle).

## 4.2 Verlauf des Nervus vagus

Der Nervus vagus verlässt den Schädel durch das Foramen jugulare gemeinsam mit der Vena jugularis, dem Nervus glossopharyngeus und dem Nervus accessorius (s. Abb. 18, S. 47).
Alle diese drei Hirnnerven – also IX, X und XI – besitzen auch einen gemeinsamen Kern, den Nucleus ambiguus.
Vom Foramen jugulare aus zieht der Nervus vagus in der Karotisfaszie nach kaudal und verläuft somit medial des Nervus phrenicus. Bereits im Halsbereich – ungefähr auf Höhe von C5 – gibt er den Nervus laryngeus superior ab. Dieser zieht zur Schilddrüse und innerviert am Kehlkopf den Musculus cricothyroideus motorisch sowie den Kehlkopfanteil oberhalb der Stimmbänder sensibel. Der Rest des Nervus vagus zieht weiter nach kaudal. Im Brustbereich gibt er den Nervus laryngeus recurrens ab. Dieser schlingt sich links von ventral nach dorsal um den Aortenbogen und rechts um die Arteria subclavia, was bedeutet, dass der linke Nervus laryngeus recurrens etwas länger ist als der rechte. Dieses Wissen kann dir im Examen häufiger einen Punkt bescheren. Der Nervus laryngeus recurrens zieht dann in der Rinne zwischen Trachea und Ösophagus wieder nach kranial in Richtung Kehlkopf und innerviert auf diesem Weg die Trachea und den Ösophagus, einen Teil der Schilddrüse, die Nebenschilddrüse sowie als N. laryngeus inferior sämtliche Kehlkopfmuskeln motorisch (AUSSER dem Musculus cricothyroideus) und sensibel den Teil kaudal der Stimmbänder. Der Rest des Nervus vagus verläuft als Truncus vagalis gemeinsam mit dem Ösophagus durch das Zwerchfell; merke „ÖVP" (Ösophagus, Vagus, linker Phrenikus). Im Bauchbereich zieht dann der linke Nervus vagus über die Vorderwand des Magens, der rechte über die Hinterwand, was durch die embryonale Magendrehung um 90 Grad im Uhrzeigersinn bedingt ist. Dies bedeutet auch, dass z. B. der Pankreas ausschließlich vom rechten Nervus vagus versorgt wird (engere topografische Beziehung).

> **Merke!**
>
> Mit dem Nervus vagus ist es genauso wie mit den Herzkranzgefäßen: Der linke Ast zieht über die Vorderwand, der rechte über die Hinterwand. Oder als Merkspruch: Wer link ist, drängelt sich vor.

## 4.3 Vena azygos und Vena hemiazygos

Die Vena azygos stellt eine Fortsetzung der V. lumbalis ascendens dextra dar, die V. hemiazygos stammt dagegen aus der V. lumbalis ascendens sinistra. Auf Höhe des Herzens steht die V. azygos mit der V. hemiazygos in Verbindung. Im weiteren Verlauf heißt die V. hemiazygos dann V. hemiazygos accessoria. Beide nehmen u. a. die Vv. intercostales posteriores dextrae bzw. sinistrae auf und verlaufen dorsal des Lungenstiels nach kranial. Die V. azygos mündet dann in die V. cava superior (s. IMPP-Bild 1, S. 53), die V. hemiazygos accessoria in die linke V. brachiocephalica.

## 4.4 Weitere Gefäße im Thorax und deren Topografie

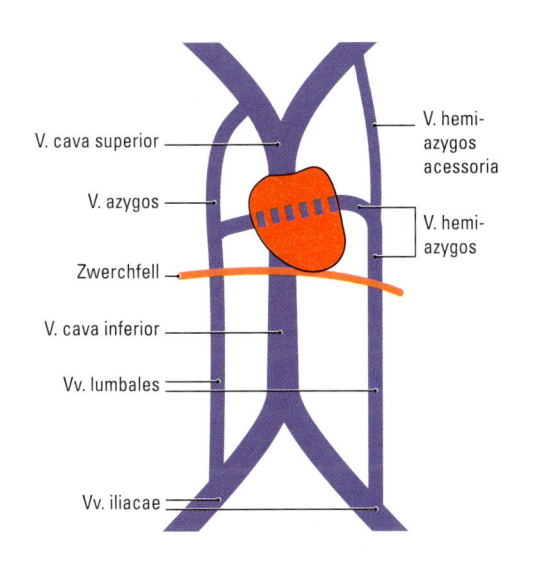

**Abb. 18:** Verlauf von V. azygos und V. hemiazygos
*medi-learn.de/6-ana6-18*

### 4.4 Weitere Gefäße im Thorax und deren Topografie

Die folgenden Aussagen tauchen mit konstanter Regelmäßigkeit im schriftlichen Examen auf (aber auch im mündlichen machen so detaillierte Kenntnisse der Anatomie einen sehr guten Eindruck). Um sie besser nachvollziehen zu können, solltest du dir parallel zum Lesen einen Atlas neben das Skript legen. So werden die Aussagen anschaulicher, lassen sich leichter vorstellen und besser einprägen.

- Die A. subclavia dextra geht aus dem Truncus brachiocephalicus hervor. Sie zieht hinter dem M. scalenus anterior zum Arm und gibt u. a. die A. vertebralis ab. Im weiteren Verlauf legt sie sich dem Plexus brachialis an und geht in die A. axillaris über. Außerdem zieht die A. subclavia durch die Lücke zwischen M. scalenus anterior und medius in den Brustraum.
- Die A. pulmonalis dextra verläuft hinter der Aorta ascendens und ebenfalls hinter der V. cava superior.
- Der Aortenbogen verläuft links von der Trachea nach hinten.
- Die V. azygos verläuft oberhalb des rechten Lungenstiels nach vorne.
- Die V. brachiocephalica sinistra verläuft in der Nähe des Aortenbogens, ventral der A. carotis communis sinistra, ventral des Truncus brachiocephalicus, ventral des N. vagus, aber dorsal des Thymus.
- Die V. cava superior geht aus der Vereinigung der beiden Vv. brachiocephalicae rechts hinter dem ersten Rippenknorpel hervor (s. IMPP-Bild 1, S. 53). Sie grenzt rechts an die Pleura mediastinalis (teilweise von der Pleura bedeckt) und nach dorsal an die A. pulmonalis dextra. Die V. cava grenzt auch an die Aorta ascendens und an den Thymus. Sie nimmt die V. azygos auf. Dagegen grenzt sie links NICHT an den Truncus pulmonalis. Auch der Sinus coronarius mündet NICHT in die V. cava, sondern direkt in den rechten Vorhof.
- Die V. subclavia liegt der Pleurakuppel an. Sie tritt aus dem Brustraum vor dem M. scalenus anterior in den Hals über (dort fließt ihr Blut in die V. brachiocephalica) und ist in ihrem Verlauf unter der Clavicula fest mit der Faszie des M. subclavius verwachsen. Über das Trigonum deltoideopectorale (clavipectorale) ist sie zugänglich. Sie nimmt u. a. Blut aus der V. cephalica auf und kann in ihrem Inneren im aufrechten Stand einen negativen Blutdruck aufweisen. Die V. subclavia geht aus der V. axillaris hervor.
- Die Aorta ascendens wird vom Perikard bedeckt.
- Der Isthmus aortae liegt außerhalb des vom Perikard bedeckten Teils der Aorta, distal des Abgangs der A. subclavia sinistra.
- Die Aorta teilt man (vom Ursprung in der linken Kammer ausgehend) ein in:
  - Aorta ascendens,
  - Arcus aortae,
  - Isthmus aortae,
  - Aorta descendens,
  - Aorta thoracica und
  - Aorta abdominalis.

Anschließend erfolgt die Gabelung in die Iliakalgefäße.

## 4 Nerven und Gefäße im Thorax

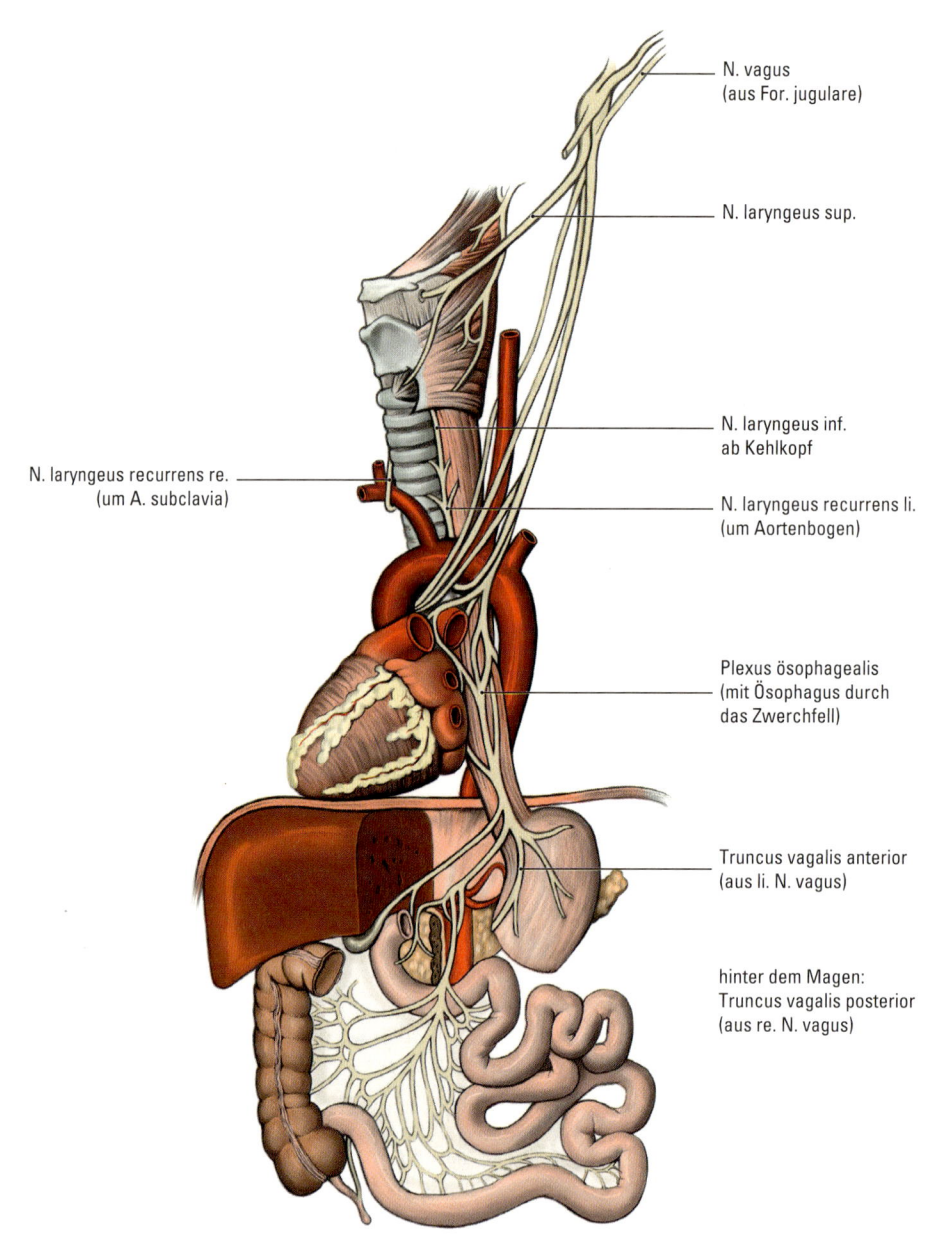

**Abb. 19:** Verlauf des N. vagus

*medi-learn.de/6-ana6-19*

### 4.5 Durchtrittsstellen durch das Zwerchfell

Das Zwerchfell weist einige größere und kleinere Öffnungen auf, die natürlich alle einen Namen haben und durch die bestimmte Strukturen ziehen. Auf jeden Fall solltest du die größten von ihnen kennen (s. Tab. 1, S. 49).

**Übrigens …**
Große angeborene Zwerchfellhernien, die mit einer sekundären Lungenhypoplasie einhergehen, befinden sich am ehesten zwischen der Pars lumbalis und der Pars costalis des Zwerchfells.

## 4.5 Durchtrittsstellen durch das Zwerchfell

| **Hiatus aorticus** | **Larrey-Spalte (links)** (Merke: Larrey, links) |
|---|---|
| – Aorta descendens<br>– Ductus thoracicus | – A. epigastrica superior<br>– V. epigastrica superior<br>Anschließend werden die beiden dann A. und V. thoracica interna genannt. |
| Lage: zwischen Crura media (Pars lumbalis) vor L1 und Lig. arcuatum medium. | Lage: zwischen Pars sternalis und costalis, Th9. |
| **Hiatus oesophageus** | **medialer Lumbalspalt** |
| – Ösophagus<br>– evtl. R. phrenicoabdominalis sinister des N. phrenicus<br>– Nn. vagi | – N. splanchnicus major<br>– N. splanchnicus minor<br>– V. azygos<br>– V. hemiazygos |
| Lage: Pars lumbalis, Th10, vollständig von Muskulatur umgeben. | Lage: zwischen Crus dextrum/sinistrum, L1. |
| **Foramen V. cavae** | **lateraler Lumbalspalt (jeweils rechts und links)** |
| – V. cava inferior<br>– R. phrenicoabdominalis dexter des N. phrenicus | – Grenzstrang |
| Lage: im Centrum tendineum, bindegewebig mit der V. cava verbunden. | Lage: zwischen Pars medialis/lateralis, L2. |

**Tab. 1: Durchtrittsstellen durch das Zwerchfell**

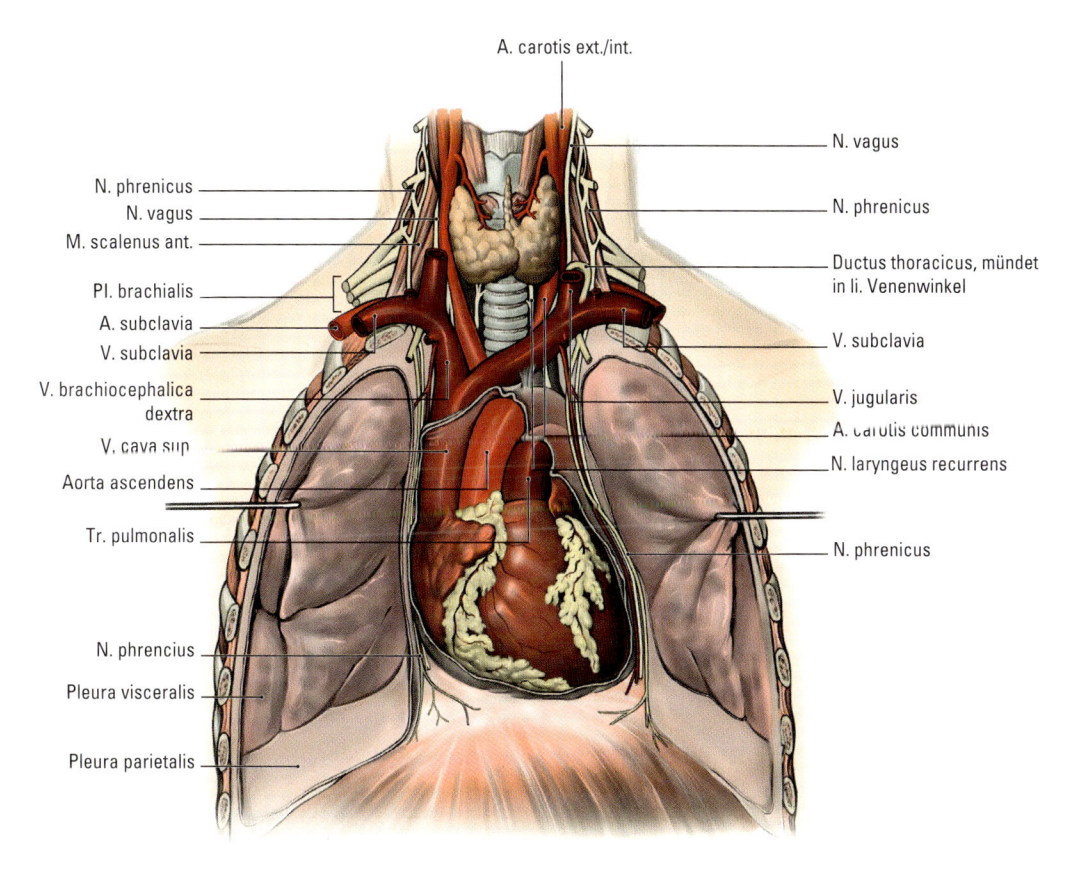

**Abb. 20: Topografie der Gefäße im Thorax**

*medi-learn.de/6-ana6-20*

## DAS BRINGT PUNKTE

Der **Ösophagus** war und ist ein gern gefragtes Thema im Schriftlichen. Besonders häufig werden folgende Fakten gefragt:
- Die „engste Enge" des Ösophagus ist die erste Enge am Ösophagusmund.
- Im ersten Drittel ist die Muskulatur noch quergestreift, im unteren Drittel liegt glatte Muskulatur vor.
- Der Ösophagus liegt in der Pars abdominalis intraperitoneal.
- Der Ösophagus hinterlässt auf der Leber eine Impression.

Hast du die **Einteilung des Mediastinums** verstanden, kannst du dir die Antworten gut herleiten. Besonders gerne wurden bislang folgende Punkte gefragt:
- Im hinteren Mediastinum verlaufen die Vv. azygos und hemiazygos, der Ductus thoracicus, die Pars thoracica aortae und der Ösophagus, NICHT aber die Nn. phrenici.
- Der N. phrenicus verläuft im mittleren und vorderen Mediastinum, NICHT jedoch im hinteren.

Vor dem Examen ist es hilfreich, sich den Verlauf der beiden **Nerven Phrenikus und Vagus** noch mal mit Unterstützung durch einen Anatomieatlas anzuschauen. Merken solltest du dir besonders Folgendes:
- Der N. vagus verläuft hinter dem Lungenhilum, der N. phrenicus davor,
- der N. vagus verläuft im hinteren Mediastinum, der N. phrenicus im mittleren sowie
- der N. vagus und der Ramus phrenicoabdominalis sinister ziehen gemeinsam mit dem Ösophagus durch den Hiatus ösophageus.

Insbesondere ein Satz brachte in den letzten Jahren die Punkte im Schriftlichen:
Die V. azygos und die V. hemiazygos verlaufen dorsal der Trachea und des Lungenstiels.

Alle in Kapitel 4, S. 45 aufgeführten **Lagebeziehungen** wurden schon gefragt. Besonders häufig gefragt und daher wichtig zu wissen ist, dass
- die V. subclavia vor dem M. scalenus anterior verläuft und
- die A. subclavia hinter dem M. scalenus anterior.

Ebenfalls merken solltest du dir, dass die V. brachiocephalica sinistra vor dem Truncus brachiocephalicus verläuft.

Eine gute Punkteausbeute verspricht, wenn du weißt, dass
- die V. cava im Centrum tendineum durch das Zwerchfell tritt,
- die V. cava im Centrum tendineum bindegewebig verwachsen ist und
- der N. vagus mit dem Ösophagus durch das Zwerchfell zieht.

## FÜRS MÜNDLICHE

Die Besonderheiten des jeweiligen Organs, seine Topografie sowie seine Innervation und Gefäßversorgung solltest du zu jedem Organ – also auch zum Ösophagus – fürs Mündliche parat haben. Den Verlauf von V. azygos und V. hemiazygos und ihre Funktion als cavo-cavale Anastomose (Umgehungskreislauf der V. cava) solltest du unbedingt kennen.

1. **Nennen Sie bitte die Organe, welche an den Ösophagus grenzen.**

2. **Bitte nennen Sie die Besonderheiten des Ösophagus.**

## FÜRS MÜNDLICHE

3. Bitte erläutern Sie die Einteilung des Mediastinums

4. Beschreiben Sie bitte den Verlauf des N. vagus und des N. phrenicus.

5. Erläutern Sie bitte, was eine cavo-cavale Anastomose ist.

6. Beschreiben Sie bitte den Verlauf der V. azygos und V. hemiazygos.

7. Nennen Sie bitte die einzelnen Abschnitte der Aorta.

8. Nennen Sie bitte, wer mit dem Ösophagus durch das Zwerchfell tritt.

9. Erläutern Sie die Besonderheit des Foramen venae cavae.

---

**1. Nennen Sie bitte die Organe, welche an den Ösophagus grenzen.**
auf Höhe C6/C7:
— Kehlkopf,
— Trachea und
— Schilddrüse.
Pars thoracalis:
— Trachea,
— Aorta thoracica und
— linker Vorhof.
Pars abdominalis:
— Leber.

**2. Bitte nennen Sie die Besonderheiten des Ösophagus.**
Der Ösophagus hat
— ein unverhorntes mehrschichtiges Plattenepithel (restl. Verdauungstrakt: einschichtig hochprismatisches Epithel),
— im oberen Drittel quergestreifte, im unteren Drittel glatte Muskulatur, in der Mitte findet sich beides (s. Abb. 15, S. 41),
— drei Engen: Ösophagusmund, Aortenenge, Zwerchfellenge und
— unterschiedliche Gefäßversorgung:
  • kranial = A. thyroidea inferior,
  • thorakal = Aorta und
  • abdominal = A. phrenica inferior sowie A. gastrica sinistra.

**3. Bitte erläutern Sie die Einteilung des Mediastinums.**
Das Herz ist die zentrale Struktur für die Einteilung des Mediastinums:
— oberhalb des Herzens liegt das obere Mediastinum,
— auf Höhe des Herzens das untere, welches weiter unterteilt wird in
  • ein vorderes (vor dem Herzen),
  • ein mittleres (enthält das Herz) und
  • ein hinteres (hinter dem Herzen) Mediastinum.

**4. Beschreiben Sie bitte den Verlauf des N. vagus und des N. phrenicus.**
Nervus phrenicus:
— C3, C4 und C5,
— auf dem Musculus scalenus anterior lateral des Nervus vagus,
— zwischen Arteria und Vena subclavia in den Thorax,
— rechts und links am Mediastinum entlang,
— innerviert Pleura und Perikard (er zieht also VOR dem Lungenhilum entlang),
— tritt durch das Zwerchfell (rechts mit der Vena cava, links mit dem Ösophagus) und
— innerviert das Zwerchfell sowie das Peritoneum.

## FÜRS MÜNDLICHE

Nervus vagus:
- Er enthält präganglionäre, parasympathische und sensible Fasern,
- Foramen jugulare,
- Karotisfaszie (somit medial des Nervus phrenicus),
- C5: Nervus laryngeus superior,
- zu Schilddrüse und Kehlkopf (Musculus cricothyroideus),

der Rest des Nervus vagus zieht weiter nach kaudal.

Brustbereich N. laryngeus recurrens:
- links um den Aortenbogen, rechts um die Arteria subclavia, in der Rinne zwischen Trachea und Ösophagus wieder nach kranial in Richtung Kehlkopf,
- innerviert Trachea, Ösophagus, Schilddrüse, die Nebenschilddrüse sowie sämtliche Kehlkopfmuskeln motorisch - AUßER dem Musculus cricothyroideus - und sensibel den Teil kaudal der Stimmbänder.

Rest des Nervus vagus = Truncus vagalis mit dem Ösophagus durch das Zwerchfell.

Bauchbereich:
- linker Nervus vagus Vorderwand des Magens,
- rechter Nervus vagus Hinterwand.

**5. Erläutern Sie bitte, was eine cavo-cavale Anastomose ist.**
Eine cavo-cavale Anastomose stellt einen Umgehungskreislauf der V. cava dar. Sie verläuft parallel zur V. cava und verbindet die V. cava superior mit der V. cava inferior.

**6. Beschreiben Sie bitte den Verlauf der V. azygos und V. hemiazygos.**
Hier empfiehlt es sich, Abb. 18, S. 47 zu skizzieren. Wichtig ist, hierbei zu erwähnen, dass die Gefäße im Bauchraum primär retroperitoneal und im Brustraum im hinteren Mediastinum verlaufen.

**7. Nennen Sie bitte die einzelnen Abschnitte der Aorta.**
- Aorta ascendens,
- Arcus aortae,
- Isthmus aortae,
- Aorta descendens,
- Aorta thoracica und
- Aorta abdominalis.

Anschließend erfolgt die Gabelung in die Iliakalgefäße auf Höhe von L4.

**8. Nennen Sie bitte, wer mit dem Ösophagus durch das Zwerchfell tritt.**
Durch den Hiatus oesophageus ziehen
- der Ösophagus,
- der R. phrenicoabdominalis sinister des N. phrenicus und
- die Nn. vagi.

**9. Erläutern Sie die Besonderheit des Foramen venae cavae.**
Es liegt im Centrum tendineum. Die V. cava ist hiermit bindegewebig verwachsen.

# Pause

Geschafft? Päuschen gefällig?
Das hast du dir verdient!

# IMPP-Bilder

**Anhang**

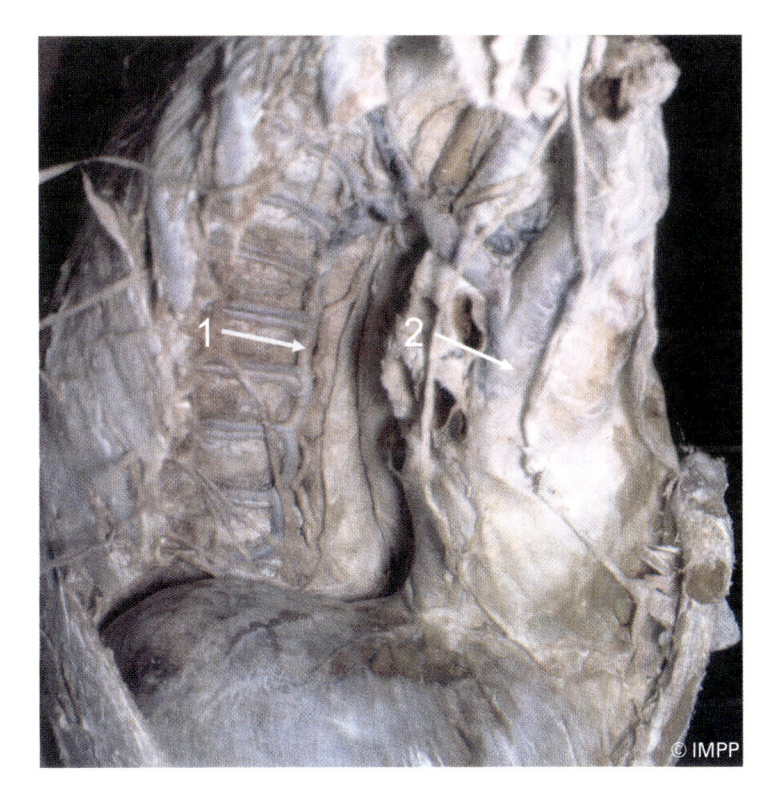

Blick von rechts in den eröffneten Thorax. Herz und Herzbeutel wurden belassen, Pfeil 1 zeigt auf die V. azygos, Pfeil 2 auf die V. cava superior.

**IMPP-Bild 1: V. cava superior und V. azygos**
*medi-learn.de/6-ana6-impp1*

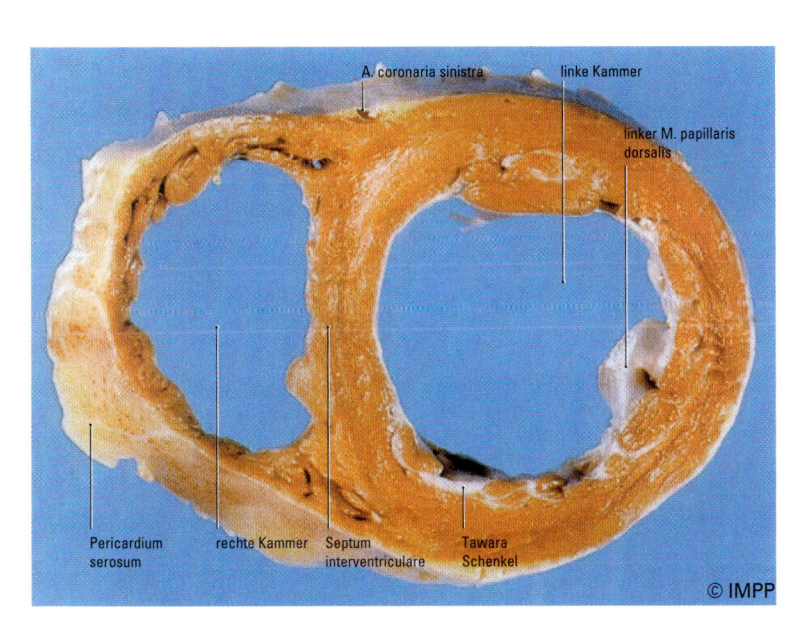

**IMPP-Bild 2: Querschnitt durch das Herz**
*medi-learn.de/6-ana6-impp2*

## IMPP-Bilder

**IMPP-Bild 3: Herz im Herzbeutel**
*medi-learn.de/6-ana6-impp3*

*markiert das apikale Unterlappensegment (segmentum superius lobi inferius)

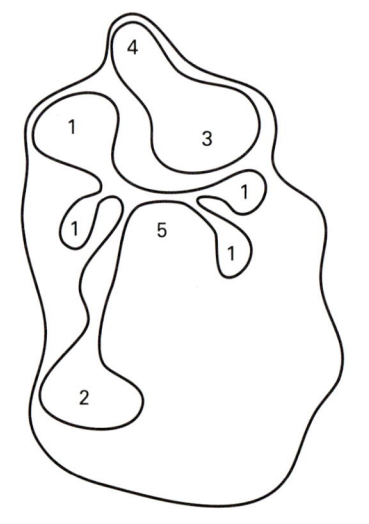

1. Vv. pulmonales
2. V. cava
3. Truncus pulmonalis
4. Aorta
5. linker Vorhof

**IMPP-Bild 4: Schematisierte Darstellung der Hinterwand des Herzbeutels**   *medi-learn.de/6-ana6-impp4*

# Index

## A
Alveolarepithelzelle
- Typ I 10
- Typ II 10

Alveolarmakrophage 10
Alveole 4, 10
ANF 27
ANP 27
Aorta 25, 26
- ascendens 24, 26, 47, 49
- descendens 26, 35, 47, 49
- thoracica 7, 24, 41, 42, 43, 47

Aortenbogen 47
Aortenenge 40, 41
Aortenklappe 25, 26
Arbeitsgefäß 7
Arcus aortae 24, 26, 47
Arteria
- coronaria 29
  - dextra 29
  - sinistra 29
- pulmonalis 6, 7, 23, 34, 47
- subclavia 5, 26, 47
- thoracica 32
- thyroidea inferior 2, 42

Artrialer natriuretischer Faktor 27
Artriales natriuretisches Peptid 27
Atemhilfsmuskulatur 14
Atemmechanik 14
Atrioventrikularbündel 27
Atrioventrikularknoten 27
Atrium
- dextrum 24
- sinister 24

AV-Knoten 24, 27, 30

## B
Bauchatmung 14
Bifurcatio tracheae 1, 15, 40
Bikuspidalklappe 25
Blut-Luft-Schranke 10
Bronchialbaum 2, 3
Bronchiolus
- respiratorius 4
- terminalis 4

Bronchus
- lobaris 3
- principalis 3
- segmentalis 3

Brustatmung 14

## C
Carina tracheae 2
Cavitas pleuralis 5
Centrum tendineum 33
Chordae tendineae 24, 25
Cisterna chyli 7, 8, 9
Clara-Zelle 4
Crista supraventricularis 27

## D
Donder-Druck 14
Ductus
- albicans 8
- lymphaticus 9
  - dexter 7, 8
- thoracicus 7, 8, 9, 43, 49, 50

## E
Endarterie 29
Endokard 31
Endokarditis 25
Epikard 31
Erregungsleitungssystem
- autonomes 27

Euler-Liljestrand-Mechanismus 7
Exspiration 11, 14

## F
Facies
- costalis 5
- diaphragmatica 5, 30
- medialis 5
- mediastinalis 5
- sternocostalis 29

Fissura
- horizontalis 6
- obliqua 6

Flimmerepithel 2, 4
Foramen venae cavae 49

## Index

**G**
Gap Junction 27, 31, 38
Glandula trachealis 2

**H**
Hauptbronchus 1, 3
– linker 2
– rechter 2
Hering-Breuer-Reflex 10
Herz 23
– achse 23
– beutel 31
– fehlerzelle 10
– innervation 28
  • parasympathisch 28
  • sympathisch 28
– kammer 24
  • linke 24, 26
  • rechte 24
– klappe 24
– klappenstenose 26
– kranzgefäß 29
– ohr 27
– rand 24
– skelett 24
Hiatus
– aorticus 9, 49
– oesophageus 40, 49
Hilum pulmonis 6
His-Bündel 27

**I**
Inspiration 11, 14
Insuffizienz 26
Interkostalarterie 7
Interkostalnerv 11
intersegmental 7
intrasegmental 6
Isthmus aortae 26, 41, 47, 52

**K**
Kammerschenkel 27
Knorpel 2
– hyaliner 2
Knorpelspange 2
Koch-Dreieck 27
Komplementärraum 11

Koronararterienstenose 30

**L**
Läppchenbronchien 4
Lappenbronchus 3
Larrey-Spalte 49
Ligamenta anularia 2
Lingula-Pneumonie 3
Lobus
– inferior 3
– medius 3
– superior 3
Lumbalspalt
– lateraler 49
– medialer 49
Lunge 5
– Gefäßversorgung 7
– Histologie 10
– Innervation 9
– Lymphabflüsse 7
Lungenfell 11
Lungenhilum 6, 7, 15
Lungenlappen 3, 4

**M**
Mediastinum 42, 45
– hinteres 42, 43
– mittleres 42, 43
– oberes 42, 43
– unteres 42
– vorderes 42, 43
Mitralklappe 26, 33
Moderatorband 27
Musculus
– intercostalis externus 14
– papillaris 24, 25, 27
– scalenus 5
  • anterior 45
– trachealis 2, 18
Myokard 29, 31

**N**
Nervus
– laryngeus
  • recurrens 2, 46
  • superior 46
– phrenicus 11, 32, 45

– vagus 9, 28, 42, 43, 46
Nexus 27, 31
Nodi lymphoidei
– bronchiopulmonales 7
– pulmonales 7
– tracheales 7
– tracheobronchiales 7
Nodulus 25
Nodus
– atrioventricularis 27
– sinuatrialis 27

## O
Ösophagus 40, 43
– Engen 40
– Innervation 42
– Pars abdominalis 40
– Pars cervicalis 40
– Pars thoracica 40
Ösophagusmund 40

## P
Pericardium 31
– fibrosum 31
– serosum 31
Perikard 31
Pleura 11
– costalis 11
– diaphragmatica 11
– mediastinalis 11
– parietalis 5, 6, 11
– pulmonalis 5, 11
– visceralis 5, 6, 11
Pleuraduplikatur 11
Pleurahöhle 5
Pleurakuppel 14
Plexus pulmonalis 9
Plexus pulmonalis anterior 9
Pulmonalklappe 25
Purkinje-Faser 27

## R
Rami
– bronchiales aortae 7
– oesophagei aortae 42
Ramus
– circumflexus 29

– interventricularis 30
Recessus 11
– costodiaphragmaticus 11, 12, 14
– costomediastinalis 11
– phrenicomediastinalis 11
– pleurales 11, 12
Respirationstrakt 1
respiratorisches Epithel 4
Rippenfell 11
Röntgenbild Thorax 24

## S
Segelklappe 24
Segmentbronchus 3
Sinus
– aortae 25
– coronarius 30
– obliquus 32
  • pericardii 33
– transversus 32
  • pericardii 33
Sinusknoten 27, 30
Subpleura 14
Sulcus
– coronarius
  • dexter 30
  • sinistra 30
– interventricularis 30
  • anterior 30
  • posterior 30
Surfactant 10
Synzytium 27, 29, 31
– funktionelles 27

## T
Taschenklappe 25
Tawara-Schenkel 27
Terminalbronchus 4
Thoraxapertur
– obere 42
Tight Junction 10
Trabeculum septomarginalis 27
Trachea 1, 15, 43
– Innervation 2
Transsudat 13
Truncus
– pulmonalis 24, 25

## Index

– thyreocervicalis 2
Tunica
– adventitia 2
– fibromusculocartilaginea 2, 4
– mucosa 4
– mucosa respiratoria 2

**V**
Vasa
– privata 6, 7, 17, 19, 29
– publica 6, 7, 17, 19
Vena
– azygos 5, 7, 32, 42, 43, 46, 47
– brachiocephalica 46, 47
– cardiaca
  • magna 30
  • media 30
  • minima 30
  • parva 30
– cava 24, 47
  • superior 46
– hemiazygos 7, 32, 42, 43, 46
– jugularis 7
– pulmonalis 7
– subclavia 7, 47
– thyroidea inferior 3

Venenwinkel 7, 9
– linker 7, 9
– rechter 7
Ventilebene 24
Ventrikel
– rechter 25
Versorgungsgefäß 7
Vertebra prominens 1
Vorhof 24
– linker 24, 26
– rechter 24, 25, 27

**Z**
Zwerchfell 33, 40, 45, 48
– Durchtrittsstellen 48
Zwerchfellenge 40